块创新

云创新 2.0 的场景与展望

KUAICHUANGXIN

YUN CHUANGXIN 2.0 DE

CHUANGJING YU ZHANWANG

任丽梅 黄 斌 著

首都经济贸易大学出版社

Capital University of Economics and Business Press

·北 京·

图书在版编目(CIP)数据

块创新:云创新2.0的场景与展望/任丽梅,黄斌著. -- 北京:首都经济贸易大学出版社,2018.10

ISBN 978 - 7 - 5638 - 2882 - 1

Ⅰ.①块… Ⅱ.①任… ②黄… Ⅲ.①电子商务—支付方式—应用—产业经济学—研究 Ⅳ.①F260 - 39

中国版本图书馆 CIP 数据核字(2018)第 240213 号

块创新——云创新 2.0 的场景与展望
任丽梅 黄 斌 著

责任编辑	彭伽佳	
封面设计	**风得信·阿东** FondesyDesign	
出版发行	首都经济贸易大学出版社	
地 址	北京市朝阳区红庙 (邮编 100026)	
电 话	(010)65976483 65065761 65071505(传真)	
网 址	http://www.sjmcb.com	
E - mail	publish@cueb.edu.cn	
经 销	全国新华书店	
照 排	北京砚祥志远激光照排技术有限公司	
印 刷	人民日报印刷厂	
开 本	880 毫米×1230 毫米 1/32	
字 数	208 千字	
印 张	8.125	
版 次	2018 年 10 月第 1 版 2019 年 7 月第 1 版第 2 次印刷	
书 号	ISBN 978 - 7 - 5638 - 2882 - 1/F·1588	
定 价	39.00 元	

序　言

　　面前放着两位作者的新作《块创新——云创新2.0的场景与展望》，不禁回忆起20世纪90年代互联网刚刚引入中国时的激动人心，它所引起的对新事物的热情和对未来社会的憧憬。今天，未来已来，我们在计算机、移动计算和通讯普及，在互联网与社会各领域各部门的融合乃至创新应用方面，已经走在世界前列。两位当年初入社会的年轻人，勇于弄潮，敢为人先，一路走来，现在也是颇有成就的中年人了。

　　这本书作者之一早年就拥有高级程序员证书，曾精心研读过兰德公司有关云计算的研究报告，他的学位论文研究的就是关于互联网发展前景与应用。后来他创办大数据公司，发表过著作《云创新》。我们还合作研究并发表过一种基于三个世界理论的人工智能系统的论文（还有一位重要合作者），在我看来，迄今为止，世界上所有的人工智能系统都还没有超出那篇合作论文的构想。

　　科学技术的发展不会停止脚步。大数据、云计算、人工智能等一波又一波涌过，现在，区块链来了。作者在书中写到：

　　"区块链并不能算作一项新技术，更不能称为"颠覆性"的创新技术。区块链实质上是一系列算法和技术（加密算法、P2P文件传输等）的组合应用，形成了一种新的数据记录、传递、存储与呈现方式，是满足某一类特性的场景化解决方案。从另一个角度说，区块链是互联网技术在'去中心化'思想指导下的深化，是在密码学、通信、物联网、云计算和互联网等技术相互作用下构建出的一种新型信任机制和协作范式……，是创新模式的创新。"

笔者甚为认同这一见解。无疑，区块链运用已经早已远远超越一般意义上的网络应用，也超越了互联网+的范畴。区块链的崛起建立在高性能计算节点密布、网络特别是无线网络覆盖的基础之上，更建立在新算法和网络时代新的社会需求基础之上。所有这些是我们这个已来的"未来"的全新基础设施，区块链将在这样的基础设施上纵横捭阖。

本书作者关注的是区块链所引起的可能的创新活动与态势，区块链对于社会、企业和政府决策与政策执行系统的影响。这一视角源自作者的实践。就笔者所知，本书作者不仅在书本上进行理论讨论，还已经行动起来，进行实地操作，运用书中的概念、理论和方法，把区块链创新应用于社区甚至一个区域。

对此，笔者深以为然。还要提请本书作者与读者注意的是，计算与网络基础设施之功效的发挥终究还是需要制造业所造就的工业基础设施的配合与支撑。观察最近几年欧洲国家、美国和中国的发展，无不痛切认识到这一点。所幸，我们在这个问题上处理得比其他国家和地区要更好更成功，于是我们才有可能讨论区块链创新问题，并继续占据领先地位。

是为序。

王克迪

中共中央党校（国家行政学院）哲学教研部教授

前　言

　　技术发展日新月异，它必然带动社会的整体创新性发展。蒸汽机带来了工业革命，电影技术带来了"视觉革命"，互联网技术带来了信息革命。21世纪初，在所有技术的积累以及互联网技术的启动下，一场调动所有可能参与的人群、整合所有可能的资源、不同于以往所有创新经验的创新运动——云创新——正发展得如火如荼。继互联网的普及与应用之后，区块链技术面向所有人构建了一个去中心、可追溯、不可逆的数据库，解决了数据可信性问题，再次刷新了人们的生存方式，引发了思想深处的革命。我们把基于区块链技术的社会变革称作"块创新"，"块创新"对云创新模式实现了再升级，它对未来人类社会文明的影响是具有划时代意义的。

一、从区块链技术延展开来的创新现象

　　区块链是一种P2P①分布式技术，或者更准确地说，是一种基于智能合约协议的分布式的存储技术解决方案，它实现了众多电脑之间点对点的计算、存储、传输，从而解决了中心化数据的安全性问题。而安全性问题的解决又从根本上解决了作

---

　　① P2P是英文person – to – person（或 peer – to – peer）的缩写，意即个人对个人（伙伴对伙伴）。

1

为一个松散联合体的创新生态系统协同合作中的摩擦或瓶颈问题。

然而，这一项划时代的技术最初的应用并不是为了解决数据的安全性问题，而是网络视频公司为了节约自身的存储空间广泛应用于盗版音乐及影视的下载与传播。应用者把需要下载的文件分成无数碎块，并扩散到不同的电脑中，这些电脑可以分别承担一些碎块的下载任务，同时彼此传输已经获得的碎块，最终各台电脑都可以根据需要合成一个完整的文件。因为 P2P 分布式技术大量占用了使用者的内存，在当时饱受非议。但是，技术本身是中性的，关键在于应用者的价值取向。

2008 年爆发的金融危机在全世界持续蔓延，一个化名为中本聪（Satoshi Nakamoto）的人在社区发表论文《比特币：一种点对点电子现金系统》，文中提出构建一个点对点的支付系统，其中各个节点①共同负责交易的产生、确认、记账（存储），系统通过一系列算法组合和规则，用于判断每一笔交易的合法性以及是否应该记录，节点通过对算法难题求解来获得记账权利，并获得比特币（token②）作为奖励；确认记录的交易进行全网同步更新，以保证每个节点都保留数据账本的全量信息及交易数据的及时、完整和准确。正如网络中的电脑共同维护一个视频文件的完整性一样，人们通过网络进行交易时，一件数字资产的整个交易过程会被记录在"账本"上，这个"账本"是由网络中的电

---

① 节点是区块链网络物理结构的基础，是一个个计算存储设备，根据功能的不同，可以将其划分为交易节点、计算节点、验证节点、存储节点。
② 在网络通信中，token 也指"令牌""信令""通证"，是权益证明。

脑共同维护的，不掌握在某个机构或者某个人手中，这个账本就是分布式账本。R3 公司 CTO 布朗（Richard G. Brown）说过："当账本中加入一批条目时，也加入了上一个批次的索引值，让所有参与者都可以验证账本上所有条目的出处。这些批次就被称为'区块'，而所有区块在一起则被称为'区块链'。"

由上述可知，区块链并不能算作一项新技术，更不能称为"颠覆性"的创新技术。区块链实质上是一系列算法和技术（加密算法、P2P 文件传输等）的组合应用，形成了一种新的数据记录、传递、存储与呈现方式，是满足某一类特性的场景化解决方案。从另一个角度说，区块链是互联网技术在"去中心化"思想指导下的深化，是在密码学、通信、物联网、云计算和互联网等技术相互作用下构建出的一种新型信任机制和协作范式。也就是说，区块链引发的是一种集成式创新和规范创新，是创新模式的创新。

区块链是比特币的底层技术。比特币因为"丝路"事件等，被一些货币监管机构视为洪水猛兽，但区块链技术符合开源与分布的互联网和软件技术的大趋势。分布式、点对点、大众参与始终是"互联网＋去中心化"的应用核心，而且区块链可以生成一套记录时间先后、不可篡改、可信任的数据链条，这个链条实现了数据库的去中心化存储、去中心化记录（即由系统参与者来集体维护），同时极大增强了数据库的安全性和可靠性，它因此成了一个完美的信用系统，带来了分享、高效、民主，从而形成了创新生态块优势，肩负着重构包括金融系统在内的各行业未来形态的使命，甚至使人们产生了创造更理想世界的美好愿景。

二、开放创新从云计算到区块链的变革

如果说，云创新解决的是创新的组织形式、产权制度、管理成本问题，那么，块创新解决的则是大数据时代的数据的可信任性和人与人之间的信用问题。块创新从技术本源上改善了人们的社会关系和人文精神，释放出了最先进的生产力。虽然这种创新模式目前还很弱小，还有很多的不足，但是它已形成了新的不同于云计算时代基于块数据的创新生态，透过历史的尘雾，我们依稀可见它将引发社会变革的广阔前景。

在大工业时代，消费者的需求比较单一，企业可以在固定的价值链环节上发展核心竞争力，这是最通用、最稳妥的获取竞争优势的方法。21 世纪进入高度信息化时代，尤其是在移动互联网和物联网普及之后，无论是大的产业环境，还是细分的消费者需求，都发生了巨大的变化：一方面，不同行业间出现了跨界进入，即所谓的"跨界打劫"，一定程度上增加了竞争的不确定性。移动互联网诞生后，行业环境又变得更加复杂和模糊。对身处其间的企业来说，竞争对手和合作伙伴可能来自意想不到的跨界领域，它们必须时刻准备进入陌生领域，应对跨界异业者的挑战。另一方面，对用户来说，消费者不再满足于单一的产品功能，整合性的需求不断提高，希望通过简单而极致的交互，从极小的接触点上获得一揽子的个性化解决方案，也就是"极致的体验"要求。今天，企业的优势不仅来源于内部价值链活动的优化，以及内部资源能力的积累，更重要的是来源于企业对外部资源的有效利用，也就是企业组合整个商业生态圈元素，协调、优化生态圈内伙伴关系的能力。业界的先驱们已经意识到，创新已不仅仅是研发部门内部的事，他们开始认识到群体智慧胜过少数

人，他们开始走出公司边界来展开创新与创造价值。这样，一个包括异质性的企业和个人等在内的相互依赖、互惠共生和群体发展的创新资源聚合协作系统就是"创新生态系统"日渐成型。这种企业创新系统在当今高度网络化和用户需求高度个性化的时代，顺应时代与社会的需求，表现出了高度的开放性，因此可以称为"开放式创新生态系统"。而在这个系统中所展现出来的可以灵活地组合不同企业的核心竞争力、适应不断变化的环境形成协同和放大竞争的优势，即"创新生态优势"。

在生态视角下，一个重要的问题就出现了，那就是如何组织这些"外部"资源，如何解决资源间的交易信用问题以及收益分配问题，这是生态能否持续成长的关键。而这一问题的解决很大程度上将来源于那些基于"云计算""区块链""块数据"的创新生态块，来源于云计算和区块链的技术与规则的综合创新，通过从知识产权的登记、传播、共享、分配等方面入手，消除创新生态系统中的摩擦，从而解决创新生态从一种复杂的生态系统演化或者具体化为一种我们称为"块创新"或者"创新块"系统。竞争优势与创新生态块优势是相辅相成的：竞争优势是维系创新生态块优势的基础；创新生态块优势是放大竞争优势的系统。无论是先发展竞争优势，再借助其力量撬动创新生态块优势，还是先发展创新生态块优势，再借助其资源建立竞争优势，二者殊途同归。

区块链技术的核心意义在于，人类有史以来第一次能够从技术层面建立信任关系。区块链技术能够解决企业的诸多问题，特别是在数据安全和存储方面，虽然当下区块链技术的应用场景仍未成熟，需要从产业、市场、技术、应用等诸多方面进行更深程度的探讨和布局。但是，我们相信，未来我们完全能够从技术层面进行最复杂的协作——块创新，从而使企业间的竞争成为不同创新生态块之间的竞争。创新生态块将是未来社会企业创新资源的重要组织形态。当产业融合与跨界合作兴起时，创新生态块的优势会特别明显。

自 20 世纪 80 年代以来，作为 PC 硬件老大的 IBM 聚集了微软、Intel 等一众企业，以开放的姿态成就了围绕在 IBM – Windows – Intel 周边的兼容机生态圈，并借此打败了当时的竞争对手苹果计算机。但是，随着 IBM 进一步开放硬件标准，自己却无法保持在硬件制造上的资源独占性，IBM 将核心竞争力拱手让出，丧失了在生态圈的发言权。PC 兼容机市场也逐渐演变成了以 Windows 和 Intel（被称为 Wintel）为核心的生态圈。今天，苹果计算机之所以能够吸引众多软件商、渠道商和其他服务商围绕在其周围，形成良性循环的生态圈，与其在硬件和系统设计上的实力密不可分。所以说，基于核心竞争力的竞争优势是撬动创新生态块优势的支点。如果善于利用竞争优势与创新生态块优势之间相互促进的关系，形成良性循环，企业将事半功倍，更快地走向成功。

三、区块链补益云创新引发更具突破性的模式创新

生长在互联网技术环境下的块创新是对开放式云创新模式的维护、保障和升级再造，是未来创新生态系统的方向。

云创新（Cloud Innovation）是一种大范围（通常是全球）的开放创新活动，是群体智慧的体现，它通过各种形式的网络平台（从一般性的机构间协作网络、企业内部研发协同平台直到互联网社区）形成大规模的、成本低廉的、高度畅通的、极易扩展的网络基础，将各种技术知识人才连接到一起，把分散的、自发

的、海量的创新资源聚合起来，形成一个充分体现群体智慧的、规范化的创新共同体，为企业、团队或个人提供持续创新发展的"营养源"。这是一种"全方位、全流程、全角色"的创新模式，并且这一创新模式体现了消费者就是生产者和创新者的商业理念，围绕企业目标营造了浓郁的创新生态。

云创新一般可以分为广义云创新、相对广义云创新和狭义云创新三种模式。广义云创新是指那些所有具有开放性质的创新，它强调的基本特征就是创新过程的开放性；相对广义的云创新又称为网络化创新，它强调的基本特征是存在一个基于网络（通常是互联网）的社区；而标准的或者狭义的云创新则出现了统一平台的特征，此时的创新活动已经不再局限于封闭的研发实验室，它将发生在云中的任何角落，云为创新提供了更多的可能性。曾经，云只是一个全球性的、成本最为低廉、随叫随到、极易扩展的计算基础设施。然而，随着云的普及，现在它的应用取得了举世瞩目的效果。在云中，知识的传递十分容易，云的应用使机构与其客户、合作伙伴、同行及竞争对手之间的壁垒逐渐消失，变革的力量是任何机构和个人都没办法阻止的。

但是，社会的发展是一个矛盾解决之后又产生一个新的矛盾的螺旋式上升过程。开放式云创新经过十余年的发展，许多问题也逐渐突显出来。例如，威客平台在发展中遇到知识产权障碍，激励不足引发的服务能力提升缓慢；集中式云创新平台因中心化控制而遇到单点风险；大型基础创新平台因需求不足而导致运行效果不显；等等。

技术创新过程不仅是一个简单突破陈旧模式的过程，同时也是一个创新者积极面对环境和市场进行学习与适应的过程。这一过程孕育着进步与发展的希望，也包含着极大的风险。技术创新过程需要有与之相适应的组织结构、组织过程、组织方式做保证。也就是说，技术创新过程本身就需要管理创新构建组织保证，产品创新对团队、虚拟组织、柔性组织的选择，工艺创新与新的管理流程的选择，重大创新或突破性创新与管理过程的重组，增量创新与管理新方法的引进等，都是在技术创新的推动下，管理创新紧随其后①。从这种意义上说，技术创新推动了组织创新和管理创新，甚至是根本上的创新模式的创新。

创新模式的革命总是与技术的革命相伴而生，技术的进步势必推动创新管理的进步，创新管理的变革必须适应技术的进步。一方面，技术的变革创造了创新管理变革的外部环境和内在驱动力，技术的创新与进步带来了管理思想、管理理念、管理方法、管理体制、管理流程、组织模式的变革与创新，对深层次的组织模式变革起着促进和推动作用。更重要的是，它反映了一种新的经济发展模式与社会发展格局的技术进步，带来新的体制、思想、观念以及新的生产方式、生活方式、思维方式、行为方式，使管理的变革与创新必须与技术的变革和创新相匹配，从而在信息化、全球化、激烈化的市场竞争中取得竞争优势。另一方面，技术创新是创新管理变革的技术基础与必备的技术支撑条件，先进的技术为科学的管理和管理的创新提供了科学的、先进的方法和手段。

不同时代拥有不同的创新模式。工业社会的产生与发展，与以爱迪生实验室为代表的一大批工业实验室的产生与发展密不可分。这个时代的"中央研究院式"创新模式不仅符合时代的要

① 张尹聪. 科技型中小企业集群的创新成长模式与实证研究［D］. 沈阳：沈阳工业大学，2006.

求，更重要的是推动了时代的发展。这种创新模式成为工业经济的核心表现，自有它的社会经济文化基础。网络化时代催生了云创新，同时，这种创新模式的发展又反过来推动互联网乃至我们整个经济社会基础的变革。我们的创新模式不再是被某些知识和技术精英所垄断，经济发展的动力不再是一小群人的专业，而是一个大众的、广泛参与的公众事务。当创新为大众所掌握，民众也就拥有了更多的力量。这种力量首先表现为经济力量，并延展到政治与经济的各个方面。云创新的出现对民主社会的构建是有益的，对网络化社会的构建也是极其有益的。以前我们讲科技是第一生产力，有时候强调的是对科学、知识、技术的垄断。云创新首先在科学技术领域（知识精英）打破了专制的必要性，所以它有可能会演变成我们社会变革的一种方式和方法。而今以区块链技术为基础的新一轮信息技术革命则促使基于互联网以及下一代互联网的支付、信用体系等新型基础设施走向成熟，它可以让人们摆脱信任危机所带来的庞大的交易成本和社会焦虑，给浮躁的社会带来一付稳定剂，让真正有价值和有意义的技术与思想得以沉淀下来，让那些好的创新成果和创新模式得以固化下来，助力时代发展。

　　区块链对创新方法和创新模式的影响将是巨大的，过去的商业运作是自上而下或者从中心辐射的层级化结构，而新出现的"区块链"则让商业模式与产品服务从金字塔状转向立体的网状，对创新管理与组织的影响更是巨大。区块链使得一个复杂的生态系统（无论它是一个商业生态系统、创新生态系统，还是企业生态系统），成为自组织的条块化体系，通过"通证"（Token或币）在体系内实现信用传递，消除摩擦，推动更符合知识经济和社会发展需求的创新共同体的萌生，从而实现企业更有效地创新，经济更顺畅地运行，社会更低成本地管理，进而构筑一个全新的社会有机、良性、健康发展的新场景。

云创新时代产生了像苹果、亚马逊那样的超级公司，也出现了像 InnoCentive、猪八戒那样的创业新秀。我们毫不怀疑，当区块链进入创新领域时，将会有更新、更强大的独角兽出现！

在知识经济的世界，一切都取决于知识与技术。贸易纠纷只是在竞争对手变得更强大、技术能力更具竞争力之前，扰乱其部署的众多途径之一。贸易冲突或者贸易战都只是主要参与者改变游戏规则的表现形式或工具，其用意和手法与恐怖主义破坏既有社会稳定的手段没什么不同。互联网的开放性使得没人能阻止知识的自由获取和整个社会走向创新的大趋势，云计算和区块链催生的新型创新共同体却能重构不同国家和地区在知识竞争中的位置。

构建未来特色的块创新生态系统将会带来什么样的未来呢？以史为鉴，在世界历史的发展中，已经有很多人、企业或者机构政府通过一些类似的实践，实现了许多在当时看似不可能完成的目标。而我国科技部门和许多地方政府乃至甚小区域，都在发展一种"科技创新券"。笔者认为，这实际上就是区块链进入创新领域的超级需求痛点！

我们完全可以设想，如果我们用区块链式的创新通证来改造这种相对落后的载体，构建共识机制，建设利益共同体、命运共同体和责任共同体，直至拥有相关共识和价值观的人群组成一个人类创新价值命运共同体。也许，那时，我们将会看到一个崭新的局面！

目　录

第一章　云创新、创新生态系统与创新摩擦

创新从来就不是什么新鲜事。但我们都知道，改变文明进程的创新会给人类带来深远的影响。自电子计算机出现以来，在如此短暂的时间里世界发生了巨大的变化。人类花了 3000 年的时间从狩猎、食物采集过渡到男耕女织的农业时代，而大机器工业时代取代农业时代只花了 300 年的时间。及至 20 世纪末以来，我们"有幸"经历了人类有史以来变革最迅猛的时期，也是生存竞争最激烈的时期，云创新、创新生态系统与创新摩擦同在一个语境里被提及、使用与升华。

第一节　作为世纪性变革的云创新

一、开放创新发展史

（一）开放创新萌芽阶段

提起"技术创新"，不得不让人回想起 20 世纪 20 年代约瑟夫·熊彼特（Joseph Schumpeter）的"创造性的破坏"理论（Creative Destruction）。每一次创新都是对既有观念与模式的"破坏"。21 世纪的创新即是对此前创新观念与模式的"破坏"。

20 世纪 80 年代以前，企业对研发信息的保密几乎上升到国家机密的程度，每个企业都对外保持高度的神秘感。研发一般集

中在精英人士手中，由他们带领自己的专业团队进行技术开发，最终由企业将其产业化。著名的贝尔实验室就是典型的例子。大多数人都认为，只有建立自己的研发部、研发中心，甚至是研究院，才有资格进行技术创新；只有"人、权、物"都是自己的，才能享受到创新的成果，此即传统的"中央研究院式创新"模式。不可否认，在这种模式下的确取得过类似可口可乐公司的辉煌成就，但是由于 20 世纪 80 年代以来发生的以下变化，导致企业竞争规则的演变：

首先是知识的配置更加自然化。知识不再富集于企业研究部门和科研单位，而是随着高等教育的普及以及学术机构研究能力和研究质量的迅速提高，广泛分布于产品价值网络的各个节点。如今，那种只有富裕的企业和富裕的国家才能开展创新的垄断局面被知识的自然配置所打破。

其次是创新型人才更忠诚于职业，而不是忠诚于企业。人力资源流动性的增强导致企业对创新的控制日益困难，高素质人才的就业观念发生了根本性的变化，他们更忠诚于职业而非企业。企业要想获得高素质人才，必须付出高昂代价。

再次是小企业的蓬勃发展。随着经济的发展，风险投资产业开始走向成熟，越来越多小而专的企业由于能够提供更完善的风险管理机制和回报机制，获得了发展机会。具体表现为：拥有更多的资本与人力，技术市场的资源供应也得到了丰富和完善，等等。这些机会大大加快了众多商品和服务向市场推广的速度。硅谷企业的发展说明，小而专的企业甚至是带有个性化色彩的企业倍受推崇。

最后，互联网的产生及发展加速了企业竞争规则演变的进程。以前图书馆是知识的重要来源，图书馆的藏书越多越全，预示着对知识的垄断程度就高。而基于互联网的网上图书馆等知识系统的快速发展，彻底粉碎了传统图书馆一家独大的局面，知识的流动性越来越大，人们获取知识的途径越来越多，知识平民化时代逐渐到来。

（二）开放创新模式获政府认同

2015年6月，国务院发布了《关于大力推进大众创业万众创新若干政策措施的意见》，文件提出："推进大众创业、万众创新，是发展的动力之源，也是富民之道、公平之计、强国之策，对于推动经济结构调整、打造发展新引擎、增强发展新动力、走创新驱动发展道路具有重要意义，是稳增长、扩就业、激发亿万群众智慧和创造力，促进社会纵向流动、公平正义的重大举措。"并提出"坚持开放共享，推动模式创新"，即"加强创业创新公共服务资源开放共享，整合利用全球创业创新资源，实现人才等创业创新要素跨地区、跨行业自由流动。依托'互联网+'、大数据等，推动各行业创新商业模式，建立和完善线上与线下、境内与境外、政府与市场开放合作等创业创新机制。"

2016年的《国务院办公厅关于建设大众创业万众创新示范基地的实施意见》中明确提出"加强协同创新和开放共享"，并指出要："加大示范基地内的科研基础设施、大型科研仪器向社会开放力度。鼓励大型互联网企业、行业领军企业通过网络平台向各类创业创新主体开放技术、开发、营销、推广等资源，加强创业创新资源共享与合作，构建开放式创业创新体系。"由此，构建开放创新体系成为加快建设创新型国家的重要举措，也是打造我国全面开放新格局的重要内容。

（三）新世纪的创新发展

创新本身是开放的，我国走开放创新之路是大势所趋。21世纪是创新的时代，驱使着经济保持长期增长的原动力就是企业家们革命性的创新。处在这个时代的企业只有创新才能生存，也只有创新才能发展。随着网络技术与信息技术的发展，当今时代的创新已经进入了新的发展阶段——云创新阶段。云创新侧重的是研发过程中的沟通及协调，重点在于创新过程中的群体参与和资源整合，强调的是网络社会组织协调工作。

在今天这个以网线为连接、以"云创新"为"发动机"的世界里，社会变革将会以光速前进。创新将不再局限于封闭的研发实验室，它将发生在网络中的任何角落，云为创新提供了更多的可能性。在云中，知识的传递十分容易，变革的力量任何公司都没办法阻止。企业只有学会合理利用这一强大的、新的创新资源，才能立于不败之地。云创新不仅为企业提供了创新的模式，还为企业乃至行业确立了一种创新的节奏。

与之前的传统创新相比，云创新更强调一种模式的创新，一种应用性创新，一种群体性创新。它充分利用云所汇聚的群体智慧，在金融危机冲刷过后的混乱市场秩序当中，在这个充满竞争的新世界里，以新的方式开拓新的市场渠道、提供新的增值服务，以低成本和低消耗的方式打造出一个具有竞争优势的全新价值链，占领危机过后的市场。这就是未来企业的出路，这就是"中国制造"走向"中国智造"的起点，这就是传统中小企业特别是加工型中小企业转型的具体路径。

二、作为新世纪创新模式的云创新

传统的创新理论与实践可能更关注创新结果，即获取新的产品；而实际上，如何进行创新、如何管理创新这些行为本身也属于创新的范畴，只不过它是模式创新。相对于那些纯技术性创新而言，模式创新更具影响性。云创新，就是互联网时代应用数字技术对创新模式进行的一次具有划时代意义的变革。

如果用一个更简洁的、更富有创新理论色彩的定义来对其加以描述，笔者认为，云创新（Cloud Innovation）是一种大范围（通常是全球）的创新活动，是群体智慧的体现，它通过各种形式的网络平台（从一般性的机构间协作网络、企业内部研发协同平台直到互联网社区）所形成的大规模、成本低廉、高度畅通、极易扩展的网络基础，将各种技术、知识、人才连接到一起，把分散的、自发的、海量的创新资源聚合起来，形成一个充分体现群体智慧的、规范化的创新共同体，为企业、团队或个人提供持续创新发展的"营养源"。这是一种"全方位、全流程、全角色"的创新模式，并且这一创新模式体现了消费者就是生产者和创新者的商业理念，围绕企业目标打造了有机的创新生态，具有低成本的鲜明优点。

云创新的形成不是一蹴而就的。事实上，云创新最初来源于20世纪90年代由一些大公司发起的为提升自身竞争力而进行的开放创新，并随着自由软件的发展逐渐成形。在这一过程初期，我们可以将之归纳为所谓的网络化创新。及至 Innocentive、威客网、Innohub 等一批专业的云创新平台问世，这种与传统创新具有本质差别的创新模式才得以以正式的独立身份出现。

为了更形象地呈现这种全新的创新模式，我们提出了一个云创新三层模型，如图 1-1 所示。

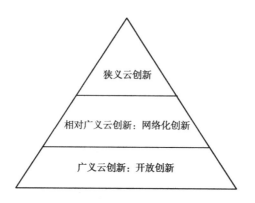

图 1-1　基于创新视角的云创新三层模型

在图 1-1 这个金字塔结构中，最基础的就是广义云创新。广义云创新可以理解为开放创新，它强调的基本特征就是创新过程的开放性；相对广义的云创新可以称为网络化创新，它强调的基本特征是存在一个基于网络（通常是互联网）的社区；狭义云创新则以出现专门从事创新资源对接与整合的行业分工为标志，以出现统一平台为特征。下面就让我们结合先驱典范来认识云创新。

（一）广义云创新

云创新模式在于建立了一种互联、互动与反馈的创新机制。互联网为此提供了平台、载体和机遇。互联网让创新不再平面化和线性化，它所提供的虚拟的现实空间让创新立体起来，冲破了传统创新的边界并走向互通。开放和数字化是云创新的两个典型特征。这里以美国礼来公司的创新案例来说明。礼来（Eli Lilly and Company）是一家以研发为基础的全球性医药公司，也是全球十大制药企业之一，它的创新主要在于借用广泛的"外脑"资源，建立了一个庞大的研发网络。礼来是第一个在中国开展大规模研发活动的制药企业，较早把重要的研发项目外包到中国。因为礼来利用了更多的外部力量来合作进行新药的研发，所以大大缩短了研发周期，降低了研发成本与风险。礼来将药物研发从自主研发的制药公司模式（FIPCo）转变为合作研发的医药网络（FIPNet）模式。根据礼来的经验，运用合作研发的 FIPNet 策略可以实现研发资源的最大优化。其中，超越了个体间协作的规模、知识形成与流动过程中的开放特征正是云创新产生的标志性要素。这种 FIPNet 模式正逐渐被应用到各个业务领域。

（二）相对广义的云创新

礼来公司的 FIPNet 模式起源于 20 世纪 90 年代，其目的是构建一个更大型的协作网络，而真正将云创新推向成熟的关键是 Linux 及自由软件的发展。这一类型（或者说这种具体范式）的云创新具有一个新的重要特点，就是创新过程借助互联网寻找自身交际以外的更广泛的智力与信息资源，有学者称之为网络化创新（Networked Innovation）。

Linux 的来源非常偶然。1991 年，纯粹出于好玩，芬兰一位名叫李纳斯·托沃兹（Linus Torvalds）的计算机专业大学生为自己设计了一个操作系统并将之公布于世，与该操作系统同时面世的是一套开源的规则和标准，以及一种所谓"普天自由"的开源精神。因为李纳斯将这套系统在网上公开了，从那一刻起，一个名为 Linux 的操作系统就成了一项"公产"，也成了一个无限传播的火种，不分地域、不分人群，世界各地的编程人员都可以接过来，对其加以改变和完善，再传播出去。这一过程不断地循环，使 Linux 这个曾被视为微不足道的"小东西"在应用中不断强大，很快成为主流技术。Linux 就是应用互联网技术，将散落在世界各地的具有开源精神和相关能力的人才聚合在一起，共同开发的一个开源软件。该软件以统一的商业和非商业的形式为大量的用户所使用。Linux 存在的意义已经跨越了软件产业的局限，它代表一种新的生产方式，说明知识除了能以独占竞争的方式发展外，还可以通过共享合作的方式发展。比起软件产业发展，这种生产方式上的革命具有更加深远的意义。这是相对广义云创新的一个典型案例。

除了 Linux，2001 年 1 月投入运行的一部"自由"的百科全书也是采用云创新的模式运作。在新的维基模式下，任何人都可以参与知识的生产和消费。在维基世界中我们可以看到，维基在百科全书这个庞大的知识框架下，通过结构化的知识处理，构建了一个近乎无限的庞大而有序的知识系统。在这个世界里，一个知识网络可以由任何一个知识单元链接而成，从而给知识社会带来了理性和秩序。

网络创新作为相对广义的云创新，它一个最重要的进步就是在互联网的帮助下实现了更大的规模，具备了"群"的特征。更重要的是，网络创新形成了"社区"（community），这种"社区"的标志使它具有了自己独立的精神与文化。

（三）狭义云创新

狭义云创新的出现是以威客（Work，也称沃客）平台的大量涌现为标志的[①]。自 2004 年开始，Work2.0 成为互联网炙手可热的关键词。Work2.0 吸引人之处在于以打造一个网络协同工作的平台，创建了一种基于互联网应用基础之上的创新型工作模式，它被广泛应用于文化创意产业领域。其主要工作方式

---

① 任丽梅，黄斌. 云创新——21 世纪创新模式 ［M］. 北京：中共中央党校出版社，2010.

为：利用互联网这个平台和高端的信息化工具，以有偿任务招投标的形式广泛征集创意和作品，胜出方将和网站按比例获得回报。这种工作模式将创意人才、创意资源在互联网环境下进行深度挖掘和有效整合，也使整个文化创意产业朝着网络化和数字化的方向推进。然而，Work2.0改变的不只是一个产业的发展，它同时也改变了人们的生产、生活与交往方式，改变了时代的面貌。

在这方面，总部设在美国波士顿的 InnoCentive 可以算作一个标准的威客模式。InnoCentive 名字取自 Innovation（创新）和 Incentive（激励），是专门为全球科技研发界创建的首家互联网奖励机制公司，也是第一家以现金激励为基础、促进全球性科学研究的威客（Work2.0）公司。它可以使世界一流的科学家及基于科学研究与应用的公司在一个全球科学社区内进行协作，并为复杂的挑战找到创新性解决方案。目前，在 InnoCentive 上注册的来自世界各地的科学家已经能够为诸多领域的难题提供解决方案，如分析化学、有机化学、放射化学、生物化学和信息学等领域的难题。所有这些挑战都来自于那些全球性的、有实力的、以研发为核心的公司。

由此可见，在开放创新与网络创新的基础上，增加了统一接口以及一些必不可少的商业规则的网络化创新，实现了自我升华，变成了一种新的商业化、专业化的云创新平台，产生了更高级的云创新模式，即狭义云创新模式。所谓狭义云创新，就是充分利用现代网络技术、基础设施和管理方法，将散落在世界各地的创新资源（设备、成果、资金、机构等）和创新能力（人与组织）以某种有效的管理机制聚合在一起，形成超越一般企业的群体规模，突破一般组织与地域的边界，并以统一的接口（或组织形式）为大量的用户所开放使用的一种新的创新模式。

新时代，一种前所未有的竞争、发展、优胜劣汰的格局已经确立，各行各业的人们想要坦然应对市场挑战，增强自身的竞争力，只有通过不断创新才能实现，而这种创新行为本身所产生的作用与影响将更为深远。

三、云创新模式的特征分析

（一）"云"模式的起源

毋庸置疑，"云创新"一词的提出很大程度上是源于"云计算"这一概念。云创新模式的运作也在很大程度上类似于当前众说纷纭的"云计算"。我们先从云计算本身及云计算中最接近云创新的一种云服务——云物流来略窥一斑。

1. 从云计算看云创新

人们日常谈论的"云计算"更多地是一种商业化的概念。例如，在维基百科之中，人们对云计算的相对公认的定义为：云计算（Cloud Computing，台湾地区译作云端运算），是一种基于互联网的计算新方式，通过互联网上异构、自治的服务为个人和企业用户提供按需即取的计算。由于资源是在互联网上，而在电脑流程图中，互联网常用一个云状图案来表示，因此可以形象地类比为云，"云"同时也是对底层基础设施的一种抽象概念。云计算的资源是动态易扩展且虚拟化的，通过互联网提供。终端用户不需要了解"云"中基础设施的细节，不必具有相应的专业知识，也无须直接进行控制，只关注自己真正需要什么样的资源以及如何通过网络得到相应的服务。

从概念上讲云计算是没有意义的，我们可以从所谓的云计算的产生来理解什么是云计算。了解最早出现的云计算——亚马逊（Amazon）的弹性计算云 EC2（Elastic Compute Cloud），有助于我们加强对云计算的理解。弹性计算云 EC2 采用 VPS/VDS（Virtual Private Server）技术，使用虚拟软件（XEN），将一台实体机器虚拟成多个虚拟服务器出租，当遇到大流量偶发事件时，多增加虚拟服务器即可，也可以根据规律，譬如每天的繁忙时段租用多个虚拟服务器等方式；它们不销售物理的部署平台（因为他们不是硬件设备生产商），而是以虚拟服务器租用的方式对外提供服务。除了租用服务之外，另外提供简单队列服务和简单存储服务。这种商业模式源于互联网高潮期建设的庞大计算资源的过剩，其最初动机是过剩计算能力的输出。因为许多互联网公司在 20 世纪 90 年代末至 21 世纪初互联网泡沫时期购买了大量的计算机服务器和存储设备、网络设备等，留下来的计算资源相对于它们当时的业务需求大大过剩了，变卖设备是不现实的，因为计算机产品的贬值和折旧速度相当惊人，于是，出租就成为最好的出路。受到 SaaS（软件即服务，Software as a Service，一种将软件通过互联网向客户出租使用的软件销售模式）的启发，它们发明了一种新的业务类型，叫 IaaS（Infrastructure as a Service，基础设施即服务），这就是最初的云计算概念。显然，这是商业推动的结果，没有太多技术上的创新。

在亚马逊的弹性计算云的带动下，谷歌（Google）、雅虎（Yahoo）、阿帕奇（Apache）、IBM 等互联网企业也开始了各自的"云计算"。这些后来者根据自己的特色来布局自己的云计算，表现出色，如 Google 的分布式文件系统（GFS）、资料库（BigTable）以及 Google 搜索引擎、Gmail、Google Reader 等。

那么，云计算到底是什么？我们可以将云计算看作一个多层次的概念体系。从计算科学的角度来看，云计算是一种分布式计算技术，其最基本的概念是：通过网络将庞大的计算处理程序自动分拆成无数个较小的子程序，再交由多部服务器所组成的庞大系统，经搜寻、计算分析之后，将处理结果回传给用户。通过这项技术，网络服务提供者可以在数秒内达成处理数以千万计甚至亿计的信息，达到和"超级计算机"同样强大效能的网络服务能力。云因为其获取、存储、分析海量数据的独特能力，以及低廉的成本和随处可得的特性，可以在更多场合为更多的人服务。

大体上来说，云计算包含三个层面的内容：第一，云计算层面：作为一般的计算分析的方法，云计算在这一层面是一种设计模式，可以实现自助服务。其特点包括：自动化、可扩展、灵活、费用动机、数据分析方法丰富多样。第二，云平台层面：在这一层面，它是各种工具、编号与信息模型、辅助软件运行组件及相关技术。云平台使依赖于云计算设计模式以满足其需求的云服务部署变得简单，特别是针对那些付费需求。第三，云服务层面：在这一层面，它是一种用于信息服务的分发模型，云服务可以适度整合企业与商业伙伴，可以依据客户的独特需求定制个性化的商品，也可以实现企业与客户一对一的联系，有助于企业创建更深层次的客户关系。如果一个平台向所有创造者提供运营支持，使无限丰富的个性化需求从信息走向产品，并与个性化的消费者进行对接，那么，这个"整合"型的平台提供的服务就是"云服务"。

云计算发展到云服务这一阶段，实际上就是一种新的服务模式或者商业模式的表现。云服务带来的重大变革是从以设备为中心转向以信息为中心。云创新，事实上就是云服务在创新中的具体体现。理解云创新，可以通过类似的云服务来对其进行思考，那就是云物流。

2. 从云物流看云服务

物流被称为电子商务的"四流"之一，也被认为是电子商务除商流、信息流、资金流之外最难攻克的障碍。早期的物流就是快递公司，业务比较简单，随着电子商务的发展，快递业的发展速度逐渐赶不上电子商务的发展速度，"云物流"就应运而生。云物流借用了云计算中"云"的概念，并作为云计算的第三层——云服务的一种典型为人所知。

星辰急便是最早的物流公司，它建立了一个"云计算"平台，提供云物流服务。云物流通过建立电子商务物流数据库平台，为发货公司提供海量运单处理及下游运输渠道管理服务。小快递公司只需要一台电脑就可以访问星辰急便"云物流"平台，获得客户，并通过这个平台取货、送货。星辰急便这一创新至少产生了三个方面的价值：一是标准化，这是此前物流行业最大的规模化的障碍问题。现在的情况是，每一个物流公司都有自己的一套标准，而通过统一的平台，其运单查询流程、服务产品（国内、同城、省内）、收费价格、售后服务（晚点、丢失赔偿）以及保险等都能做到标准、透明。发货公司通过这个平台可以方便地找到物流公司，物流公司通过这个平台可以方便地找到订单与运单。二是社会化运营，这个平台将成千上万家快递公司、派送点、代送点等终端聚集起来，并能充分利用这些社会资源。三是节约化。企业以前的物流模式是通过传统渠道，比如分销商、中间商、门店，最终到消费者手里。每个公司都要建立一个小型云计算平台，这造成了巨大的浪费；

而现在，网上有了专业化的平台，集中建设统一平台能获得规模效应，使每个公司都从重复性的劳动中解放出来，直接把货送到消费者那里，实现了实时交易。实时交易的好处在于与消费者直接建立了联系，有助于提供个性化服务，对产品进行及时创新；同时又节约了许多中间环节的交易成本。因此，云物流很快成为电子商务时代的主流。

由"云物流"，我们可以总结一下"云计算"的一些基本特点，这些特点也是云创新的基本特征，即：

（1）超大规模的服务。一般讲到"云"，那一定是具有相当的规模。星辰急便的"云物流"模式堪称完美，但这个模式能够运作的重要前提就是拥有海量订单。Google 云计算已经拥有 100 多万台服务器，亚马逊（Amazon）、IBM、微软、雅虎（Yahoo）等"云"均拥有几十万台服务器。企业私有云一般拥有数百上千台服务器。

（2）位置产生虚拟化。云计算支持在任意位置、使用各种终端的用户获取应用服务，并且所请求的资源来自"云"，而不是固定有形的实体。应用在"云"中某处运行，但实际上用户无须了解，也不用担心应用运行的具体位置。只需要一台笔记本或者一个手机，就可以通过网络服务来实现我们需要的一切，甚至包括超级计算这样的任务。

（3）服务规模定制化。现代工业产品与服务不可能针对小规模对象提供特定的应用，"云"却是一个庞大的资源池，可以为用户实现一定程度上的小规模按需购买。也就是说，云服务的对象可利用云资源根据自己的需要来进行定制化的服务。

（二）云创新的特征分析

云创新是基于云计算展开的，除了云计算，云创新还具有以下特征：离不开创新共同体及其活动的作用；具有活跃而有效的创新扩散能力；创新过程是超越传统协同开发的大协作。

1. 云创新是创新共同体的实践活动

分析云创新的模式必须首先分析创新的主体。云创新的主体是一个借助互联网汇聚起来的创新共同体。作为一个按云创新模式来工作的共同体，它与传统共同体有着质的差别。按照共同体的一般定义，它是指人们在共同条件下或因共同的需要与目的结成的集体。传统的共同体包括政治共同体、科学共同体、区域共同体等，都是遵从于特定契约、有着共同利益的集体组织。创新共同体与之相比，最主要的差别在于：①它的组织性不是很强，是一个松散的联合体。②它不是完全有形的共同体，它为特定的任务而组建和存在，类似于介于传统与现代之间的"无形学院"，但云创新是"网聚"的"无形学院"。③它不一定是有着共同利益的共同体，在共同体内部，各个个体之间可能还存在一定的竞争。

与传统科学共同体和无形学院不同，创新共同体有着自己特有的特征与活动方式。以自由软件业为例，我们可以总结这个创新共同体具有以下几个方面的特征：

（1）创新共同体极具创新力。创新共同体的关键就在于它拥有一个大规模群体参与的极具创新能力的研发团队（即独立的创新共同体）。共同体成员既是用户又是开发人员，他们之间的合作意愿以共同的理念为核心，软件开发的动力直接来源于既是开发人员又是用户的共同体成员的信念、兴趣与"自我服务"的需求。"开放源代码运动中充斥的是那些分析软件、查找漏洞、竭力寻求解决方案的人。这些绝对的工作狂是整个运动获得成功的基础。"①因为拥有自由软件创新共同体这样一个强大的后盾，以及它的服务模式与市场无限接近的特质，因此它极具创新能力。

（2）创新共同体兼具效率和自组织方式。创新共同体的代码开放与网络优势使成员间的衔接与交流很容易，不会因为一批人的放弃而导致断层的出现。自由软件共同体的成员不是以万计，而是以百万计的，而且他们都是在一种自组织的状态下开展工作。创新共同体内有无数优秀的工具软件，可以满足开发者与使用者的需要，功能强大。当然，还有一些对专业程序员有很大作用的诀窍，足以使创新共同体高效率地工作。

（3）创新共同体有着自我利益形成机制。任何共同体的本质上都是利益共同体。在云创新活动中，会自动形成利益相关共同体，一般还具有完备的利益反馈机制。根据"资源免费、服务收费"的原则，在提供软件服务的过程中将产生一定的利润，主要利润返回给公司，部分返回给自由软件共同体。各主要参与人皆可以获得一个更为合理的收益。共同体的利益反馈主要通过以下几种途径获得：首先，作为回报，共同体成员内部实现资源共享，资源对每个成员来说都等价于财富；其次，共同体为每个成员提供了自我价值实现的平台，工作业绩突出者不仅会获得声誉，还可能获得经济回报。总体而言，对于整个自由软件创新共同体而言，金钱返还是微薄的，最重要的还是代码返还。无论是业余的开发成果，还是上班时间里的开发成果，都遵照自由软件许可证的要求，作为回报反馈给自由软件创新共同体。

---

① Peter Wayner. Free for All：How Linux and the Free Software Movement Undercut the High – tech Titans ［M］. New York ：Harper Business，2000：147.

2. 云创新在创新扩散方面具有原发优势

创新的效能必须通过有效的创新扩散方式或渠道发挥出来。在某种意义上，技术创新的扩散比技术创新本身具有更重要的经济意义。因为一项技术创新只能提高单个企业的生产率，技术创新的扩散则可以提高行业乃至国民经济的效率。所以，实现有效、快速的创新扩散才是国家创新的主要战略。研究出一个有利于创新扩散的路径是当今创新决策所需。印度政府提出"我们关注发明的末端"，日本也提出"关注扩散的末端和创新之后的事"①，都是基于促进创新扩散的目的。在这方面，云创新具有传统创新所不具有的绝对优势，那就是：云创新可以通过互联网聚合最大的创新资源，同时也可以通过互联网实现有效快速的创新扩散。决定创新扩散过程的主要因素是创新、传播渠道、时间以及社会系统。由于创新共同体与互联网的特殊关系，它在上述方面拥有传统研发中心创新模式所不可比拟的原发优势。

（1）传播渠道上的优势。云创新的优势主要在于拥有一个有效的传播渠道，即创新网络，创新参与者基于此展开联合、交换以及资源的转换。为了形象了解创新扩散的传播渠道，研究者总结出两步扩散模型，即信息从信息源通过媒体渠道向观念领导者传播，然后再由观念领导者将这些信息传递给他们的追随者。创新共同体在传播渠道方面的优势说明，人际关系的建立以及信息通过人际关系的脉络传递是最有效和最迅速的。具体而言，两步扩散模型主要强调的是信息在公众人际关系网络中的传播渠道。人们通过公众人际交际网络获取新信息，然后与同一交际网

① Vittal N. Information Technology：India's Tomorrow ［M］. New Delhi：Manas Publications，2001，p. 20

络中的成员交流对某个创新的看法。当信息交流双方具有共同的信仰和共同的人生观，能够互相理解时，信息的传递速度就会加快，同时这种传播也是最有效的。云创新恰恰是作为一种人际网络（即"创新共同体"）存在的。在云创新过程中，信息的传递与扩散也正是通过网络人际关系实现的。首先，具有共同爱好、兴趣以及工作形式的人聚集在社区这个网络环境里，彼此通过任务联系平台传递思想、创意和技术，创新在这个小圈子里得以超越时空界限地扩散。此即扩散的第一步：信息从网络媒体传播到观念领导者。其次，每一个社区人又都有着自己的交际圈，社区人也会将自己在社区里得到的思想、创意和技术扩散到自己的交际圈，创新以一种传统的方式扩散。此即扩散的第二步：通过人际影响来实现从观念领导者到跟随者的传播。可见，云创新的创新扩散完全符合以上最有效的两步扩散模型，云创新的扩散最为有效和快速。

（2）时间上的优势。时间是扩散过程中的一个独特的元素，扩散中的时间因素包括三个，即创新决策过程、系统内人员或单位采纳创新速度、系统采纳创新的速度。互联网作为一种物理的信息通信网络，是由众多地区的、国家的、国际的通信网络结合在一起形成的，它最大的功劳在于消灭了时间和距离。创新共同体的创新决策过程也是以零时空的方式展开。创新共同体分为许多小型的工程或通讯组，这些工程和通讯内部的决策是很快的，而且由于这些组织的数目十分可观，以至于为人们所讨论的所有可预见的技术都有组织地进行研究，使创新共同体基本上不会出现研发方向上的重大失误。

（3）社会系统方面的优势。我们都知道，"社区"在云创新中发挥着重要作用。一个"社区"就是一个广泛的交际网络的节点，由社区所建立的广泛的联系构成了一个以学习、交流、工作、娱乐为一体的小社会系统，内外部资源在这里得到充分的运用和整合。云创新策略同等对待来自内部和外部的创新理念，外部的创意和外部市场化渠道的作用被提升到与封闭式创新模式下内部创意以及内部市场化渠道同样重要的地位。外部的新技术进入企业，被整合、加工和转化，再扩散到企业内部或外部，用最快的速度为顾客提供新产品或新服务。企业对知识产权的管理也不再是仅仅防止被别人使用，完全可以通过竞争对手对新技术的使用而从中获利。企业想要实施云创新，就必须主动成为这个创新体系的一份子。

由于云创新具有以上传播渠道、时间和社会系统等方面的优势，因此，它在创新扩散方面具有原发优势。

3. 云创新是超越协同开发的群协作

云创新与各企业或机构间进行的协同开发既有相同之处，也有不同之处。让我们先来看一下二者的相同之处。首先，二者都是以契约（协同研发通过合同，开源研发通过许可证）关系来推进共同研发的。其次，二者都存在一个研发主体、目标和利益分配方式，至少存在第一推动者或者号召者。例如，Linux 就是软件开发者本人的推动，协同研发一般是技术需求方或者是技术投资方（如政府或公益组织）来推动，而且一开始参与者之间就有明确的利益分配关系。最后，二者都存在一定的管理方式，协作研发可能更主要的是以项目管理带动所有的资源配置；云创新则主要以网上协议的方式进行管理。

以上是二者的相同之处。此外，云创新与各企业或机构间进行的协同开发还有着本质的不同。

首先，二者最大的不同是着重点不同。协同开发偏重于管理

层面，有时也涉及技术层面，包括人之间的协同、应用软件（及
其数据）之间的协同、硬件的协同、项目之间的协同和企业间的
协同等方面。每一种协同都有很多难点，比如，人之间协同最大
的难点在于：企业的管理水平以及职工各个方面的素质参差不
齐，这些得由企业通过企业文化建设来加强，再好的平台也不能
缺少人的操作和使用，保证人与人之间协同的关键在于企业多方
面能力的提升。而云创新侧重于企业在创新过程中应该改变的、
原有的、机械的思维方式，将外部和内部的技术有机地结合成一
个系统，通过这个系统，企业一方面可以通过技术许可从外部获
得企业需要的技术成果，另一方面可以销售在封闭创新环境下可
能被抛弃的内部技术，并从中获益。

其次，二者任务分配不同。协同开发一开始就有明确的任务
分配方案；而在云创新模式下，任务不存在分配，是参与者根据
自己的兴趣与特长决定承担的任务及任务量。开放协作创新的关
键优势是用户创新，云创新网络中模块化设计以及设计任务之间
的接口使单个用户参与云创新项目成为可能。这个设计任务能力
的划分消除了设计成本的约束，这是单用户创新所不能实现的大
规模创新。

最后，资源共享不同。云创新在参与者之间是资源共享的，
而协同开发的协作者之间的资源共享是有限度的，必要的时候是
各自拿出自己的资源来完成一项任务，不一定实现共享。在开放
协作的创新项目中，一些用户直接参与设计本身并从中获得利
益，供应商或用户间接补充增加该设计的价值，这些工作虽然花
费了一小部分成本，但加入了其他人的改善，从而提高了整个设
计的价值。其他参与者同时可以获得学习、名誉、快乐、私人利
益等与项目不相关的创新产出。

综上，云创新与协同开发最本质区别是：在创新过程中经济要素的全面参与，以及创新主体间各种方式的竞合。

4. 云创新是网络化的服务创新模式

云创新是全员参与的创新，是一种服务过程中的创新。如果我们从服务创新的视角来审视这种创新活动，完全可以将这种创新模式看作网络化的服务创新模式。

首先，在云创新中，服务是企业与用户之间的一种交融式共促过程，所有参与人都参与了价值链的形成。在云创新机制中，开发不只是专业技术人员的工作，它变成了一项全员总动员，每个人都可以成为云中的一份子，在其发展道路上贡献自己的价值。在新产品推介过程中，供应商越早参与其中，整个项目所节省的资金也就越多。在价值链上，高水平的外部供应商可以给企业提供更多的支持，减轻企业的负担，在核心环节上有助于企业更快、更好地发展。供应商越早获得新产品的信息，就能越早提供对于新产品原型的反馈，有效缩短了创新周期，提高了创新效率。

其次，云创新不仅是在应用层面使用互联网，而是将互联网作为一个平台，一方面积累系统内外的资源，将外部的和内部的技术有机地结合成一个系统；另一方面建立广泛的企业与用户之间、需求者与提供者之间的关系网络，从而成为知识的制造者与知识的使用者之间的中介以及产品与服务之间知识传输的桥梁。也就是说，在云创新实践中，技术不仅是一个应用，它还是一个不可或缺的流程管理系统，所有的资源都因此而汇聚，所有的信息都统一在相应的网络结点上，所有的参与者都被设定在一个特有的关系位图中，发挥着创新者的作用。

最后，云创新囊括了所有服务创新的实践途径。具体而言，云创新主要有以下 5 种：一是全面创新，其比例最低，却常常是服务观念革新的动力。它是指利用技术的重大突破和服务理念的变革，创造出全新的整体服务。二是局部革新，通过构思精巧的服务概念或利用服务技术的小发明、小创新，从而改善原有的服务，使其具备优于竞争者服务的特色。三是形象再造，是指服务企业通过改变服务环境、变化服务系列、命名新品牌来重新塑造服务形象。四是改型变异，即通过市场再定位，在质量、档次、价格方面创造出有别于原有服务的新的服务项目，但服务的核心技术和形式并没有发生根本变化。五是外部引入，它是指将现成的标准化服务通过购买服务设备、聘用专业人员或特许经营等方式引入本企业中。服务创新是一种技术创新、业务模式创新、社会组织创新和需求创新、用户创新的综合，它需要跨学科的交流和合作。

总之，大多数云创新都不是由某一要素单独导致的，而是各种要素综合作用并包含不同程度变化的混合体，它们共同形成了最终的创新。这种创新过程是所有个性服务经历的积累①，而这种积累最终成为新时代服务创新的一种全新的创新模式。②

（三）云创新模式的优势

如前所述，开放、超大规模、网络化社区以及统一的平台是云创新的基本模式特征，这些特征使云创新相对于其他创新模式而言具有自身特殊的优势。根据高新产品的生命周期理论，在高

---

① Jon Sundbo, F. Gallouj. Innovation as a Loosely Coupled System in Services [J]. Innovation Systems in the Service Economy, p. 55

② Juha Kaskinen, Riikka Saarimaa. The Search for Creative Power in Economies and Societies [C]. Proceedings of the Conference "Culture as Innovation", 6 – 8 June 2007, Turku, Finland.

新技术产品生命周期中，在创新者、早期消费者、大多数消费者之间存在裂缝，如果没有顺利跨越，很有可能导致经营的失败。云创新的最大创造就在于将高新技术产品的营销与研发进行最紧密的联系，创造了"跨越鸿沟"的条件。

1. 云创新的第一大优势

云创新中新产品的创意来源于"云"中，来源于有创新意识的早期消费者，从而把早期消费者变成创新者，有利于跨越第一道鸿沟。

云创新的第一个优势在于将研发者与使用者进行了有效结合，降低了因研发方向出错所可能导致的风险，同时在研发过程中培养了早期的、忠实的潜在消费者，避免了高新技术产品生命周期中第一个裂缝——存在于创新者与早期消费者之间的裂缝。

云创新是怎样实现二者之间的有效结合的呢？首先，对于热门的高新技术产品，研发者通过云平台与使用者进行有效沟通，了解早期消费者的喜好和需求，在研发过程中融合了更多的用户偏好因素和市场需求因素，大幅度提高了创新的针对性与成功概率。其次，研发者通过云平台提供服务。在云平台软件方面的支持下，研发者可以通过云创新平台展示产品的功能和内在价值，吸引消费者。这样一来，新产品的价值与魅力以及运用这种高新技术产品的好处就可以被消费者所接受，使企业成功跨越第一个鸿沟。

2. 云创新的第二大优势

云创新在开发过程中与社区形成有效互动，将技术转移与知识流动结合在创新的过程之中，从而具备了越过知识门槛的条件，降低了转移成本。这是云创新的第二个优势。也就是在越过早期消费者与早期大多数消费者之间的第二个鸿沟的时候，需要一个生产能力的扩展，而生产能力的扩展通常是以技术转移或者能力的传播为基础的，因为不可能让一个车间无限度地扩大生产能力，要满足大多数消费者的消费水平的时候，生产能力和服务能力的提升是关键。而这种提升是以知识和技术转移为前提的，即知识和技术从早期的少数人向后来的多数人进行转移。云创新的过程充分体现了一大优势，就是知识是开放的，社区是开放的，在社区里面已经熏陶久了，知识门槛也就不存在了。现在大家使用 Linux 时，很多人都不需要培训。红帽子公司（Red Hat)[①] 可以从几十人迅速扩大到几百人，这在传统创新模式下是不可想象的。传统创新模式下，光培训就是一个很大的问题，而云创新的开放使它在一开始就已经具备了一定的扩张能力，所以它可以比较容易跨越第二个鸿沟。

3. 云创新的第三大优势

云创新在整个产品研发过程中的开放原则与统一平台将所有的创新关系人员都引入过程之中，从而丰富了技术市场的资源供应。现在，随着知识与人才的全球配置进程，人才的流动性极大。流动性大意味着，一个企业想要长期拥有所需的技术人才越来越难。云创新通过互联网强大的信息传递功能，以弱人力系统来弥补技术人才流动的不利倾向，促进公司内外部知识与技术人才价值的转移。云创新所建立的这种技术人才关系网络在丰富技术市场资源的同时，也对技术人才的专业水平和素质进行了规范。其中一个主要的规范手段就是评定和公开每个参与者的信誉，为企业在更大范围内选择合适的技术人才提供了便利，从而

---

① 红帽子是开放源代码的软件、产品和提供全球性的服务的主导开发商和提供者。红帽子公司早先的产品 Red Hat Linux 操作系统是 Linux 操作系统。

避免花费大量时间和资金来开发难题的损失，同时也节省了研究开发所需的繁琐管理流程及管理成本，有利于创新回报率的提高。例如，雇用外部专才，提高对现有产品的改进和新产品创造的时间，使其更快推向新市场，从而缩短新产品的上市周期，赢得抢占市场份额的最佳时机，对公司创新网络关系产生积极的影响。

以上着重分析了云创新跨越几大鸿沟时所固有的优势。综上所述，跨越鸿沟可能带来的共同优势即在于降低创新风险的系数。云创新可能为企业带来新的商业模式，也就是商业模式扁平化；可以实现从创新者到消费者之间的直接联系，公司营销可以不经过策划公司的界入就将产品直接流向消费者。例如，亚马逊和亿创理财（E * Trade）没有进行投资，而能够进入零售和分销渠道的创新金融服务。

但是，云创新作为一种全新的模式，同时也引发了商业模式的转换、知识生产方式的改变以及知识产权的改变，这些改变引起了创新摩擦和创新挑战，一定程度上促使云创新模式不断优化升级。

第二节 待优化的云

尽管云创新可以为企业创造可观的价值，并在近十余年的发展中发生了很多的变化，但实践中还是遇到了很多问题。例如，更复杂的协调、更高的交易成本，特别是在整体发展过程中，围绕新成果的产生和交易发生了很多故事，这些都会给欲采用这种模式的企业带来困扰。在众多问题中，最麻烦的当属知识产权管理问题。

一、从支撑技术——云计算的痛点说起

云创新以云计算作为存在的基础。作为一种高度契合网络技术时代特性的创新模式，云创新的模式与理念在很大程度上与云计算的思想和理念一致，其发展中遇到的问题也与云计算这项社会技术本身有类似的地方。

云计算是基于互联网相关服务的增加、使用和交付的新型服务模式，通常涉及通过互联网来提供动态易扩展且经常是虚拟化的资源。现阶段广为接受的云计算概念是美国国家标准与技术研究院（NIST）的定义：云计算是一种按使用量付费的模式，这种模式提供可用的、便捷的、按需的网络访问，进入可配置的计算资源共享池，这些资源能够被快速提供，只需投入很少的管理工作，或与服务供应商进行很少的交互。

云计算是分布式计算、并行计算、效用计算、网络存储、虚拟化、负载均衡等传统计算机和网络技术发展相融合的产物。云计算产业有多种分类方式，按提供的服务类型可分为 IaaS、PaaS、SaaS 三类。从 IaaS 到 SaaS，越来越接近"傻瓜"式软件，用户可以直接使用。如果说技术革新对硬件使用效率的提升和成本的降低更多体现在 IaaS 层面，SaaS 则是在享受硬件改善的基础上，通过降价（年费方式降低使用门槛）的方式扩大了市场。

其中，IaaS 的厂商一般可以进行进一步的资源打包，提供数据库、应用中间层包（runtime）等，形成公有 PaaS 平台，如亚马逊 AWS。而提供 SaaS 的厂商在为一般商业客户提供通用性较强的 SaaS 产品同时，也会为一些大型商业客户打造有它们自身特点的私有 PaaS 产品，甚至会有一些自己的 IaaS 产品，比如 Oracle。

大型企业多采用私有云、公有云、混合云的部署方式，小型企业多采用公有云、私有云和社区云的部署方式。由于 PaaS 处于云计算产业链靠中间的环节，IaaS 提供商可以靠硬件及技术优势提供 PaaS 服务，SaaS 提供商也可以靠客户关系为大客户提供 PaaS 服务，纯 PaaS 提供商的竞争力不强。因此，云计算行业中，IaaS 和 SaaS 的机会更大。

研发费用是云计算行业最大的门槛，大多由巨头把控。高额的研发费用和大量硬件费用只有大型公司才有能力支付。所以，不管是国内还是国外，云计算都由巨头把握。又因为云计算的发展对技术更新有强依赖性，高收入公司才有资本投入高研发费用，所以这个行业的马太效应非常明显。细细考察下来，整个行业呈现以下几个现状、特征与发展痛点：一是行业高度垄断，现有云计算市场极度中心化，市场份额由几个科技巨头依靠自身高度集中化的服务器资源垄断了整个云计算市场，借助市场力量享受高额利润，进而导致算力服务价格高居不下；二是无激励措施或者激励措施不理想；三是总体计算资源不足；四是成本过高，云计算基础设施和高性能计算的操作过于复杂，成本高昂。创新型小企业通常没有必要的专业知识获取和操作高性能计算平台。

现阶段云计算已经成为 IT 企业运行的标配。然而，正在快速发展中的物联网设备提供了更大的数据和更多的大数据分析需求。这样，人们面临着一个巨大的挑战：所有这些数据将在哪里处理和存储？还是云里吗？除了物联网技术之外，企业也在大数据技术上投入了大量的人力和物力，数据是当今数字经济最宝贵的资源。许多企业正在应用大数据分析从这些海量数据中获得其提供的洞察力、识别趋势和模式，为企业的客户提供更好的服务和体验，帮助企业监控并简化运营，或进行机械和基础设施的预防性维护。然而，人们所面临的巨大挑战是，所有这些数据将在哪里处理和存储？

更重要的是，计算设备的快速增长并不是导致中央云计算模式面临数据爆炸挑战的唯一驱动因素，另一个重要趋势已导致数据的生产和消费发生了变化，即网络边缘用户的生成内容。移动互联网和社交媒体已经使普通人成为数据的生产者。今天，Facebook 和 Instagram 每天上传近 5 亿张照片，以及上传约 50 万小时的视频。而且，一个月上传到 YouTube 的视频超过了 60 多年来创建的三大美国网络的容量。这些数字表明，用户定期产生的数据量惊人。在机器应用中也有类似的趋势，边缘设备配备了许多嵌入式传感器，还有产生大量数据的摄像机。将边缘处生成的所有数据传输到中央云端，在远程数据中心的服务器上处理并分析数据，然后将其传输回边缘设备（无论智能手机、冰箱、汽车还是机器人），这些都是不可行的。

集中式云计算在满足互联网世界的需求方面有两大限制：带宽和延迟。

事实上，使用中央云，带宽将成为物联网发展的瓶颈。即使网络容量奇迹般地增加以应对数据的激增，由于数据的长距离传输中具有巨大延迟，物理定律也会抑制中央云端数据的远程处理。显然，人们需要一个新的计算模型和技术理念来应对超连接的世界。

二、云计算的变迁——技术与思想的探索

提到云计算，就不得不提到与云计算相关的其他几个概念：边缘计算和雾计算。其中，边缘计算很早就提出用于表示云和设

备的边界，最早可以追溯到 2003 年，AKAMAI 与 IBM 开始合作在 WebSphere 服务器上提供基于边缘的服务。

（一）边缘计算

边缘计算是在靠近物或数据源头的网络边缘侧，融合网络、计算、存储、应用核心能力的分布式开放平台，其目标是就近提供边缘智能服务，满足行业数字化在敏捷联接、实时业务、数据优化、应用智能、安全与隐私保护等方面的关键需求，从而激发类似于移动互联网的新模式、新业务。边缘计算的技术理念与特定网络接入方式无关，可以适用于固定互联网、移动通信网、消费物联网、工业互联网等不同场景，形成各自的网络架构。

（二）雾计算

雾计算则是最近出现的一个概念，由思科（Cisco）首创，其主旨是对物联网设备的周边计算。因为相对于云来说，它离产生数据的地方更近，数据、数据相关的处理和应用程序都集中于网络边缘的设备中，而不是几乎全部保存在云端。雾计算拓展了云计算的概念，是作为实现物联网（IoT）的结构为 Cisco 等提倡，旨在为全球范围所采用。

雾计算是一种分布式的计算模型，作为云数据中心和物联网（IoT）设备/传感器之间的中间层，它提供了计算、网络和存储设备，让基于云的服务可以离物联网设备和传感器更近。雾计算概念的引入也是为了应对传统云计算在物联网中应用时所面临的挑战。

然而，雾计算和边缘计算的定义都很模糊，业界一直在尝试将这两者区分开作为单独的概念。对此，业界最广为接受的概念是：在边缘计算中，数据处理在收集数据的硬件上；而雾计算是当节点的一个子集发送其数据到更大的中心连接点，在连接到更大的整体中心网络的过程中处理数据。不管是边缘计算还是雾计算，其优势都很明显。雾计算消除了将大量原始数据流发送到中央网络的延迟和带宽问题，但是它并不要求每组传感器处理收集到的数据。这些计算模型与技术理念都可以作为云计算模型与理念的发展或扩充。

三、由"滴滴事件"看中心化云平台的模式危机

滴滴是一个全球领先的移动出行平台，也是基于云创新平台的模式运营。自 2012 年创立至今，短短 6 年时间，滴滴以其精进的科技、贴心的服务和坚定的国际化路线，为超过 5.5 亿用户提供出租车、快车、专车、豪华车、顺风车、共享单车、共享汽车、外卖等全方位的出行和运输服务。然而，滴滴在接近互联网新经济领域的"一座高峰"的同时，始终存在与出行安全相关的隐患。"空姐遇害"及之后的相同事件终于掀起了一场舆论风暴。从各个角度分析滴滴事件，很多观点集中于滴滴的管理和文化，也有指出共享经济的问题，这些都非常中肯。但是从技术创新的角度来看，"滴滴事件"反映的恰恰是整个平台类互联网模式的致命缺陷。

（一）追求低成本运营

平台类商业模式有很多，电商领域有淘宝、拼多多，旅行领域有 Airbnb，社交领域有 Facebook，出行领域有滴滴、Uber。平台的特点是连接供需，可以是 B2C，更多地是 C2C，往往都强调以较低的运营成本获取较大的利润。以电商为例，根据 2018Q1 财报，只做平台的阿里巴巴的毛利率是 48%，而垂直电商京东的毛利率仅为 14.1%。这背后的原因之一是商业模式的不同。

由于平台是轻资产，仅起到中介人的作用，不用负责产品供应，只要解决信息匹配问题就可以了，渠道中的很多功能都由其他方完成。随着用户数量的增加，成本结构中固定成本的比重，逐步下降。另外，随着平台规模的增大，平台自身的垄断地位就越强，议价能力也随之提升，利润率也越高。所以，处于发展期的平台一般都会追求低成本运营。而低成本运营的代价就是难以把控产品质量。例如，淘宝上的假货，滴滴上的问题司机，Facebook 上的假新闻。旅游业也是，Airbnb 作为平台，不需要自己建酒店，因此很难完全控制产品的安全问题。这种成本上的差异造成了线上线下的不公平竞争。线下零售商卖了假货要负责，而淘宝商家或淘宝却不对假货负责。客人在酒店出了事，酒店会承担全部责任，但是这种事到了 Airbnb 这里，就会出现平台和房东之间相互扯皮的现象。

（二）监管本身的不可控

平台类模式无法解决有效的监管问题。例如，如果一个人在淘宝上买了假货，淘宝是很难界定的，因为它根本就没有见到货。而京东自营则不然，因为京东是垂直电商，有品控。Airbnb 如果要检查每个房间，Facebook 如果要用人工去查每一条新闻，他们会破产的。回到滴滴，经过上轮整改，滴滴已是顺风车行业中审核最严格的平台，但悲剧再次发生了。原因在于滴滴没有办法去查、去接触每一个司机。无论滴滴如何整改管理条款，即便完全消除了所有套牌车、假身份证等不合规行为，也无法掌握每个司机的即时情况。事实上，肇事的两个司机都不是行为惯犯、杀人魔，而是突发的不理智作案，都有所谓"独狼"的特征。传统的出租车公司可以对司机有连带责任、持续的培训与教育等更好的管理，因为公司对司机的接触更频繁，信息掌握的更准确、及时，当然成本也更高。

（三）平台模式的价值增值有限

在一个成熟的市场中，中介性质的平台占比应该小于垂直电商，严格限制其垄断性。从价值链来看，中介性质的平台并没有创造与其收益相匹配的价值，而且一旦垄断流量，其对市场的操纵则具备巨大破坏力。以电商市场为例，根据麦肯锡全球研究院的数据，在发展更早、更成熟的美国电商市场中，垂直电商占比在 2011 年就达到了 76%。在亚马逊发展壮大的今天，这个比例只会更高。而中国市场目前的分布比例与之相反。根据艾瑞咨询的数据，2016 年，淘宝、天猫两大平台在电商市场的占比为 76%。久而久之，就会形成劣币驱良市的现象：对产品和质量把控得好的垂直电商因为利润低扩张缓慢，不公平竞争的情况下会影响其进一步把控质量的积极性。政府如果在此适当地加以监管，提高平台的管理成本，遏制平台的非良性发展，逐渐实现中介平台与实体经济的合理分布，则滴滴事件可能会得到有效的抑制。

四、从威客平台看中心式云创新平台的困境

创意经济时代需要不同于工业经济时代的文化与精神，极度保守、自私的版权体系和文化孕育不了创意经济，创意经济天然需要大家在相互交流和传播中产生新的发展点。威客网站的做法展现了云创新的平台基础设施，更深刻地体现了云创新所处的创意经济时代的特色。威客行业从 2005 年"全国第一届沃客（威客）大会"开始兴起，至今已有 13 年的光景了，当年风头强劲的 K68 已经日趋衰落，倒是当时并不显山露水的猪八戒网，曾以百亿级的估值融资，在前两年十足火了一把。遗憾的是，曾高举

威客界"淘宝"大旗的猪八戒网也日益走向平凡。究其原因，大致有以下几个：

1. 服务标准化难以实现是重点

与产品销售的电商不同，威客平台上的服务难以实现标准化运作。就拿一个非常简单的企业 Logo 设计来说，每一个在平台上发布设计需求的用户都有不同的 Logo 设计需求，这时会同时有几十个设计师来竞标，可是并没有一个统一的标准。缺乏统一的标准化服务必然会导致以下问题：一是量化生产难；二是价格上的不透明、可信度不足；三是服务质量难以保证。标准化的服务模式中，获得服务的一方心理往往都会有统一的标准。但是在威客平台，对于威客平台上不同的服务商，作为被服务一方的任务发布者并不知道谁家的服务好，同时平台也缺乏衡量服务的统一标准。

2. 群智的红利用尽而门槛过低的不足没有补齐

相比淘宝而言，天猫在正品方面就具备更多的权威性，淘宝却始终无法逃离假货标签，之所以淘宝无法摆脱假货横行，其中最重要的原因就是平台进入门槛低。而威客平台同样存在这样的问题，为了能够让平台集聚更多的威客，其准入门槛非常低。一方面，平台涌入了众多低质服务商或个体，不可否认，这些低质服务商在一开始为平台带来了一定的人气，但同时也拉低了整个平台的品质和服务质量。正所谓坏事传千里，随着低质服务商越积越多，威客平台的口碑越来越差，最终导致劣币驱逐良市。另一方面，零门槛也让很多营销用户涌进了威客平台，甚至随处可见一些营销公司的招聘信息，威客平台逐渐成为广告泛滥之地。

3. 平台的中介收益模式限制平台的监督力

云创新在流程上是一个多次反复、大规模人群和高选择比率的一个过程，如果企业都在更频繁地利用外部技术，它们可能需要进行更大的筛选活动。企业如何识别潜在有用的外部技术来源？如何管理技术？如何进行后续的技术风险讨论和管理的筛选？企业如何管理外部合作伙伴之间目标有冲突的业务单位？这又是对云创新的过程管理提出的另一重大挑战。这个过程管理起来非常麻烦。威客平台作为第三方，在任务发布方与接任务者之间起着桥梁作用，同时也具备监督接受任务者完成任务的重要责任。威客平台网站服务质量的逐渐下降除了与低质服务商有关之外，与平台的监督不给力也有着密切的关联。但是在服务商的监督问题上，威客平台始终没能拿出一个合理的解决方案。如果威客平台能够针对劣质的服务商给予严厉的惩罚，平台的服务质量和水平也不至于下降如此迅速。此外，威客平台上还存在很多欺骗现象，很多用户借用马甲捞取任务佣金，可是平台却缺乏有效的监督机制，这对发布任务的商家们来说无疑是一种损失。

所以说，在技术变革加快及商业环境变得更加不确定的时代，决定企业成败最重要的因素不是技术，而是它的商业模式。云创新能带来战略性的竞争优势，它对企业的改造不仅是技术创新部门，更重要的是整个企业的商业模式，而这种新的模式是新时期企业应该具备的关键能力。如今，这种创新模式本身也面临着困境，需要我们在技术和模式上加以升级和改造。

五、云创新在知识生产与知识产权管理中的困境

云创新模式打破了传统的知识生产和知识产权管理的样式（如维基百科），同时也树立了创意分享的理念和工作模式（如威客），这是完全符合创意经济和创新型社会的知识发展路径的。但是有一点我们还没有建构起来，那就是知识分享人的利

益保障和知识产权保护。一旦企业打开了边界，与外部的企业和个人一起分享知识、创造知识财富，那么问题就会复杂起来。开放式创新中知识产权协同管理因受到权利归属、信息不对称、权力主体诉求差异、创新不确定等天然因素的影响，会遇到一些悖论式的困境，这些困境在实践中表现为各种形式，从阻碍创新发起，到影响创新过程管理、中间产出及创新成果的分享等诸环节均有表现。无论发生在哪个环节，均在一定程度上阻碍了协同管理的有效开展，这给企业进行云创新带来了挑战。深究这些困境可以发现，在学理层面，作为一种人类合作困境的具体表现，知识产权协同困境除具有人类合作困境中的一般特点外，还具有一些知识、知识产权合作本身的特殊性，如价值困境、信息披露困境、最优保护度难以确定困境等①。由于缺乏知识产权保护与确权的相关保障，没有实现群智效应提升平台价值增值的功能，云创新平台基本上没有真正实现最初平台设计的群智创新的目标。

（一）知识资产使用过程中的"反公地悲剧"问题

反公地悲剧（tragedy of the anticommons）是 1998 年由美国教授迈克尔·黑勒提出的，它是指本应公有的产权由于细分化、私有化导致社会未能充分利用资源的情形，是由公地悲剧产生的衍生词汇。与公地悲剧中因资源过度利用所产生的问题相反，反公地悲剧是由于权利者较多，而权利者之间互相妨碍彼此对资源的利用，导致资源无法被充分利用甚至闲置而使社会利益造成损失。两者都是由未能处理好私有产权和公有产权间的关系所产生

---

① 黄国群. 开放式创新中知识产权协同管理困境探究 [J]. 技术经济与管理研究, 2014, 10.

的问题。① 我们知道，从经济学角度看，每一项发明创造都同时存在着私人物品和公共资源两种属性。作为公共资源，它要求能够获得更充分、更有效的使用；而作为私人物品，它要求能够得到排他性保护，在被人使用时获得相应的回报。这两种属性之间存在一定的矛盾。在现实经济运行过程中，对于每一个企业，出于营利动机的考虑，通常都会过于强调知识产权的私人物品属性，而这导致他们往往会高估本企业发明创造的价值，从而阻碍其流动，进而导致这一发明创造作为公共资源的使用不足，从而产生"反公地悲剧"问题，成为开放式创新的障碍。

（二）知识产权评估过程中的信息披露悖论

以威客网站为代表，云创新经常涉及企业之间关于知识产权的转让，因此也难免涉及对知识财产的估值问题，这种估值又是基于对知识财产的了解而做出的，这就涉及所谓的"信息披露悖论"（Disclosure Paradox）。这个悖论是已故诺贝尔经济学奖得主肯尼斯·阿罗提出的。信息披露悖论是指发明信息的价值需要购买者了解信息之后才能确定，而一旦购买者知道了这些信息，发明就没有了价值。在这个过程中，发明信息产生了转移，而发明人却没有得到应有的对价补偿。这些问题的存在大幅增加了企业从事云创新的风险和成本。

浏览国内大大小小的威客网站，原创作品可谓不胜枚举。在众多作品中，只会有一个最满意的作品被任务发布者选中，其他作品则被淘汰。这些被淘汰的原创作品的知识产权没有受到保护，极有可能被他人拿来之后稍加修改算作自己的作品并

---

① 维基百科，https：//zh. wikipedia. org/wiki/% E5% 8F% 8D% E5% 85% AC% E5% 9C% B0% E6% 82% B2% E5% 89% A7。

加以商业化利用或者利益变现。比如，"山寨"数码对原创的冲击使原创人的利益受到侵害，这是模仿再次出售，还有直接抄袭现象。例如：某人故意模仿淘汰作品，然后采用自己发布任务自己竞标的方式，用低廉的价格把作品据为己有。这种抄袭方式长期以来形成了恶性循环，将影响原创者的工作激情和创造动力。

（三）知识产权权属不清引发的社区激励不足问题

在创新过程中，激励一直是十分关键的问题。只有对创新者做出较好的激励，让创新者的收益与其付出对等，才能有效地激发创新者的热情，最终在经济体中产生更大的商业价值。在传统的封闭式创新条件下，企业的创新研发过程相对独立，因此这一问题相对清晰，比较容易处理。但是在开放创新条件下，特别是具有群智性质的云创新模式下，情况就要复杂得多。一方面，整个创新需要各企业之间、个人之间广泛深入地合作，这就致使其创新结果的产权归属难以界定，如不能对此问题进行有效处理，对真正的创新者特别是对比较看重回报的创造者而言，其积极性就容易受到打击。另一方面，由于对知识产权的质量和价值的评估在现实中很难准确进行，进行合作创新的各主体之间对某项知识产权价值的认定可能存在很大的分歧，这种分歧会严重影响激励的合理安排和协同，进而损害创新的绩效。

产权不清是信任机制的漏洞，会引发信任危机。维基百科建立的新的信任机制是以版权制度为依托、以开源许可证为基础建立知识基础的信任体制。如果没有开源许可证，一个严重依赖社会生产资源之外的系统将是非常危险的。

（四）不完全合同所致的投机问题

在企业进行云创新的过程中，势必要遭遇很多与其他企业、个人之间通过订立合同来达成合作的情形，在这个过程中就有可能遭遇到不完全合同问题的困扰。合同的不完全性可能来自很多方面，不可预料、不可证实、不可交由第三方强制执行等问题都会造成合同的不完全。当合同不完全时，就会给事后的机会主义行为留下机会，导致"敲竹杠"（Hold – up）等行为的发生。

对于开放式云创新，导致合同不完全的三方面因素都可能存在：首先，在这种创新过程中，由于涉及商业机密和利益纠葛，特别是云创新本身就是一个待研究的问题，因此有很多的合同条款只有合作双方才能了解，法庭等第三方很难了解和证实，这就决定了合同必然存在"不可证实性"，也很难被第三方强制执行。其次，整个工作过程和结果本身通常是难以完全预料的，合作各方很难对后果达成统一的预期，因此合同中很难避免出现各种"不可预料性"。最后，也是事实上最多的原因，就是这些问题都会对企业的合作带来巨大障碍，如果不予以妥善解决，会严重影响云创新的效率。

可见，开放式创新模式在摧垮知识精英的专属权的同时，也因知识产权问题影响了自己的信誉根基。所以，云创新还需要一种更加精密、更强力的自组织机制和实现这个机制的技术以及技术方案来优化，让云创新更加稳固。

第三节　开放式创新生态系统的概念与实践

就在集中式平台的云创新模式受到发展的限制，引来各方疑难之时，围绕创新模式的变革，另外一个概念——创新生态系统走向了舞台的中央。

一、开放式创新生态系统的概念

作为世界最受瞩目和最具竞争力的技术创新聚集地，硅谷曾一度成为世界各地竞相复制的范本，但是那些"复制"均以失败告终，即便硅谷，也无法复制自己一次。众多研究认为，"要从生态学的角度来思考"，才能解释硅谷的难以复制性。一个可持续、有创新竞争力的地区究竟以何取胜？"创新生态系统"概念被引出——建立一个强有力的知识经济体，就必须学会如何创建（而非单纯模仿）一个强有力的创新生态系统。

与云创新模式类似，创新生态系统充分考虑了创新过程和创新系统的高度动态特性，借助技术领域（生态学）的思维与组织模型，把创新要素间的动态复杂交互型关系及其组合看作一个有"生命"活力的生态系统。这个"活的"系统不仅包容了所有构成创新过程的环节和参与主体，还包含了它们之间的关联关系以及它们之间复杂的、动态的交互过程，包括了在愈加复杂、动态、开放的世界经济环境中，各个部分与主体之间的自组织、自平衡、自生长，各要素之间共生存、共适应、共进化，从而不断创新，创造新的、繁荣的创新型经济。集群效应、知识产权、创新文化、资本市场以及政府与市场的关系等影响着创新生态系统的发展。

创新生态系统从创设到不断演进，实际上是一个开放的耗散结构不断演化、自组织的过程。构建"创新链"，实现专业化分工、竞争合作、交易成本降低等是创新生态系统演化的内在动力。近年来，随着以云创新为典型范式的开放式创新在全球范围的扩散，创新生态系统的发展也呈现出更多的开放性特征。特别是在互联网和云计算的推动下，创新生态系统打破了传统的地域、产业乃至国家的限制，向互联网虚拟空间发展。这种发展又适应了当今世界产品和研发供应链的发展要求。一些知名企业，如苹果就是通过苹果手机的 APP 市场，打造了一个以其为核心的全球软件开放创新云平台。利用这种平台所搭建的"创新链"则成为一个开放式创新生态系统。

开放式创新生态系统是指在开放式创新环境下，以吸收外部创新思想、提升整体创新能力、支撑新产品开发、满足用户需求为主要目的，以创意、人才、知识、技术、资金等创新资源的跨界流动为主要特征，以良好的创新氛围为主要文化支撑，各创新主体间基于创意产生、研发到市场化的创新全过程交互竞合形成的创新生态系统。[①] 正如欧盟《新研究与创新框架计划：展望2020》中指出的，开放式创新生态系统是在开放式创新范式下涵盖创新主体范围更广、创新资源流动更加频繁、创新链条运行更加生态化的创新生态系统。

及至今天，特别是自 2015 年我国提出建设国家开放式创新体系以来，开放式创新、云创新理论得到了社会的高度认可。而且，随着网络技术的发展，企业边界不断模糊，创新生态系统的开放性不断增强，即使是在过去以保密为标志的军工体系，也开始引入了大量的社会创新资源和力量。因此，我们完全可以说，当今的创新生态系统已经完全是一种开放式创新生态系统了。为此，在本书中，我们把创新生态系统、开放式创新生态系统作为同一个概念来理解和使用。

实际上，创新生态系统可以是地理空间（如硅谷创新生态系

---

① 吕一博，蓝清，韩少杰. 开放式创新生态系统的成长基因 [J]. 中国工业经济，2015，5（5）.

统），但更多情况下是一种基于特定企业的产业链和价值链的虚拟网络（如苹果公司的创新生态系统）。我们可以通过以下几种不同类型的创新生态系统的分析与研究，总结创新生态系统在现实生产生活中的特点与价值。

二、实体创新生态系统——众创空间的新发展

自"互联网＋"战略提出以来，我国的众创空间得到了蓬勃发展。众创空间作为针对早期创业者的重要服务载体，为创业者提供低成本的工作空间、网络空间、社交空间和资源共享空间，与科技企业孵化器、加速器、产业园区等共同组成创业孵化链条。众创空间的主要功能是通过创新与创业相结合、线上与线下相结合、孵化与投资相结合，以专业化服务推动创业者应用新技术、开发新产品、开拓新市场、培育新业态。[①]

（一）创客空间的兴起

目前，普遍公认的全球第一家真正意义上的创客空间"混沌电脑俱乐部"（Chaos Computer Club）是 1981 年在德国柏林诞生的[②]。此后创客空间在全球范围内不断扩展，相继有奥地利的 Metalab、美国的 Artisan's Asylum、TechShop、Fab Lab 等创客空间成立。2010 年，中国上海诞生了第一家创客空间，即"新车间"。随后，国内的创客空间以北京、广州、深圳、杭州这些创新资源丰富的大城市为轴心不断扩展，目前规模较大、经营比较成功的有北京创客空间、创客总部，深圳柴火空间，南京创客空间，杭

---

① 任丽梅. 我国众创空间的功能发展与内生文化要求 [J]. 学术论坛, 2017, 4.
② 王佑镁, 叶爱敏. 从创客空间到众创空间：基于创新 2.0 的功能模型与服务路径 [J]. 电化教育研究, 2015, 11.

州洋葱胶囊等。

（二）创客空间三位一体的基本特征

创客空间是一个实体空间，是创客①聚集、创意汇聚、产品孵化的场所。创客空间由开放的理念、开放分享的社区与开源的软硬件平台构成，三者缺一不可。

1. 开放的理念

开放的理念是指在创客之间形成的一种共识、精神或共同遵守的知识获取与使用的重要准则，它类似于开源软件 Linux 的运动法则。1991 年，芬兰一位名叫李纳斯·托沃兹（Linus Torvalds）的计算机专业大学生为自己设计了一个名为 Linux 的操作系统并将之公布在互联网上，从此，这个操作系统就成了一项"公产"，也成了一个无限传播的火种，不分地域、不分人群，世界各地的编程人员都可以接过来，对其加以改善，然后再传播出去，循环往复，这使得 Linux 这个"小东西"日臻完善，很快就成为主流技术，以统一的商业和非商业的形式为大量的用户所使用。在这一过程中，吸引世界各地爱好者的是一整套开源的规则、标准及其包含的开放的理念和精神，其精髓部分被后来那些拥有创意、喜欢创造、乐于分享的创客们所汲取并发扬光大，固化成为创客空间运行的基本理念和核心价值观，对创新空间的运行起着内在驱动力的作用。

2. 开放分享的社区

开放分享的社区是指有着特定会员进出与资源分享机制和价

---

① 《爱上制作》杂志创始人 Dale Dougherty 将一些爱自己做东西、通过创造与分享将想法变为现实的人称作"创客"，英文为"Maker"。此后这个名称即被延用下来。见 Dale Dougherty. We Are Makers, TED Talk［EB/OL］. https：//www. ted. com/talks/dale_ dougherty_ we_ are_ makers, 2011 – 09 – 02.

值实现的场所，创客们在这里增长知识，利用工具，寻找资源，展开工作，创造新事物。开放分享的社区以前专指物理空间，可以是联合办公室（如 Artisan's Asylum）、实验室（如 Fab Lab 实验室）、连锁商店（如 Techshop）、咖啡屋（如 Binggo 咖啡）、培训机构，也可以是俱乐部、车库，等等。现在，创客空间已经普遍使用互联网技术搭建统一的信息和资源对接平台，即虚拟社区，聚集了更多的会员，也让会员们将自己的触角、伙伴和资源获取途径拓展到了全世界。

3. 开源的硬件与软件平台

开源的硬件与软件平台是创客们实现创意、创客空间得以运行的重要工具，包括 3D 打印、激光切割、数控机床等各种生产设备和生产工具。其中，Arduino 是目前在创客空间里使用最广泛的一种典型的软硬件，它的发明是创客运动发展过程中的里程碑事件。Arduino 是在 2005 年由意大利 Ivrea 交互设计学院的 Massimo Banzi 等人开发的，可以用于制作任何电子产品，衍生各种传感器，控制灯光、马达等装置。Arduino 沿袭了开源软件运动的授权方式，包括软件、电路原理图、材料清单、设计图等都使用开源许可协议，任何人都可以下载电路图文档生产电路板甚至用于销售，且不收取任何专利费用[1]。Arduino 的发明大大降低了硬件电子产品创新的门槛。在开源资源的指引下，不必依赖专业人士和流水线生产，任何设计者都可以在前人的基础上进行二次创意，做出产品。

---

① Arduino Wiki［EB/OL］. https：//en. wikipedia. org/wiki/Arduino，This page was last edited on 23 August 2017.

（三）政策扶持下我国众创空间的发展状况及工作重点

随着创客运动的不断深入，创客空间里成长起来的一些创客项目找到了商机，业余的创客开始走向专门的创业。创客空间的这一功能得到我国政府政策上的大力扶持。2015 年，国务院办公厅《关于发展众创空间推进大众创新创业的指导意见》（国办发〔2015〕9 号）①（以下简称《意见》）出台，着力培养一批具有孵化创新和创业功能的创客空间，并将此类创客空间命名为可以推动"大众创业、万众创新"的"众创空间"。

《意见》出台后，国内的众创空间迅速发展：一些废弃的旧厂房得以被改造，一些学校原有的实验室和综合活动室得以被改建，各种创客实验室、创业孵化园如雨后春笋般生长出来，各个园区也配套设立了"创业吧""咖啡吧"等，到处一片欣欣向荣的景象。腾讯研究院发布的《2016 互联网创新创业白皮书》显示，自《意见》出台后的两年间，国内众创空间数量从 50 余家发展到 2 300 余家，增长了近 46 倍。② 2017 年 1 月全国科技工作会议上透露的数量再次刷新这个纪录，至 2016 年年底，全国众创空间数量达 4 200 家③。这个飞速增长的数据说明："众创"概念深入人心，万众瞩目的"众创"实践让我们得以在短期内实现众创空间的全面布局，有效推动了我国创业的数量和规模。

---

① 国务院办公厅. 关于发展众创空间推进大众创新创业的指导意见［EB/OL］. http：//www. gov. cn/zhengce/content/2015－03/11/content_ 9519. htm，2015—03—11.

② 腾讯研究院. 2016 互联网创新创业白皮书［EB/OL］. http：//tech. qq. com/a/20160922/026189. htm.

③ 2017 年全国科技工作会议在京召开［EB/OL］. http：//www. most. gov. cn/zt-zl/qgkjgzhy/2017/2017tpxw/201701/t20170110_ 130385. htm.

（四）众创空间的组织运行方式、技术环境与功能定位

传统上较典型的创客空间有三种组织方式：①工作坊型创客空间，例如，位于美国马萨诸塞州的 Artisan's Asylum 宛如一个巨型的车间，里面按照不同的"工种"分为机器人、焊接、电子、玻璃及珠宝设计、自行车、木工、3D 打印等不同的工作区域。在这个车间里，创客们可以租用联合办公（co - working）空间或设备来展开个人创造。②实验室型创客空间，如最早诞生于麻省理工学院的 Fab Lab 实验室，为学生提供工具和机器，让学生在动手的环境中探索科学。③商业型机器商店，如以 Techshop 为代表的开放式硬件工厂（machine shop），它以连锁形式运行，会员每月支付 175 美元的会费便可以使用 Techshop 里包括场地和工具等的所有资源。①

虽然组织方式不同，但是创客空间普遍采用以任务或项目为纽带的社区自治的运行方式。空间的活动围绕项目或任务展开。项目或任务通常是由创客或用户发起，由有能力的会员邀请其他空间内外的人员共同承包完成。因为项目的需要，空间内通常配置了多个系列子空间来运作不同层次的项目。在这个过程中，创客们建立了以网络为联结的项目关系（具体方法包括建立邮件群、维基百科、云存储平台及即时通信），并在网络和创客空间里交流想法，优化工作流程，通过分享工具与知识来进行个性化创造。

还有一些企业通过自建创客中心，将创客文化和创新机制嵌入自身的管理链条中，通过汲取创客成员的智慧，为新产品的设

---

① 徐思彦，李正风. 公众参与创新的社会网络：创客运动与创客空间［J］. 科学学研究，2014，12.

计和研发提供源源不断的创意。① 当创意变成产品后，有商业意识的创客同创业者交流或者自已变身为创业者，按照市场的实际需求挖掘产品的商业价值并推向市场。项目结束后，创客们的项目关系即结束，但该子社区共享的知识却可以留下来为其他创客参考和借鉴。

为了开展创新创业活动，众创空间通常会通过开辟学习室和开设研讨班等形式进行培训，举办沙龙及各种专题讲座，组织创业大赛，定期开展头脑风暴、项目研讨、经验分享、成果展示等系列活动，营造互相协作、乐于分享的创作氛围，感受共同开发产品的快乐，并积极寻求、创造运用知识的机会。②

互联网技术是众创空间不可或缺的技术环境。现在，一个典型的众创空间通常都配套一个云计算信息处理能力的技术平台，广泛应用大数据、云计算等技术，构建低成本、便利化、全要素的开放式创新创业生态系统。在这个生态系统中，来自世界各国不同地方、不同职业、不同年龄层、不同行业背景的人跨越时空阻隔，依据共同的兴趣组成项目团队，实现跨界合作。技术平台还打破了产业链上下游的资信、沟通和协作瓶颈，为创新者提供了从技术源头研发到科技成果转化的一条龙信息服务。此外，应用互联网的信息方法和技术手段，空间内不仅实现了互联网和传统企业的结合，还创造出"创客＋众筹""创客＋智能化制造"等新的创新模式，吸引了更多的创新创业力量投身于传统产业与

---

① 王佑镁，叶爱敏. 从创客空间到众创空间：基于创新 2.0 的功能模型与服务路径〔J〕. 电化教育研究，2015，11.

② 张春兰，李子运. 创客空间支持的深度学习设计〔J〕. 现代教育技术，2015，1.

新兴产业的融合发展中，形成了创新驱动发展的新格局。①

众创空间是对传统创客空间在功能上的新发展。众创空间具有孵化器的功能，众创空间承办方提供必要的政策、场地、实验室、资金等方面的支持和资源对接，以使其生长成为一个个"生产线"。在这个"生产线"上"产出"的不仅是产品，还有创意、项目和有能力长期承包项目的小微企业。但是众创空间又不同于一般的孵化器，它所具有的创客空间组织运行方式以及互联网平台的技术支持，使之成为先进生产方式的代表，最终孵化出的将是一个建构在以满足用户创新需求为主导的生产模式和建构在网络社交工作模式基础之上的新的经济增长模式。这是我国众创空间对传统创客空间在功能上的新发展，我国众创空间建设都是以此为中心展开的。

（五）众创模式的云创新本质

"众创空间"的关键词是"众创"（crowning innovation），"众创"包含两个核心过程：一是热爱创新的大众基于兴趣、低成本利基、自我价值实现等动机在互联网上积极从事创新活动，展示或出售创新成果；二是另外一些大众（往往是企业）基于自身需求在互联网上积极搜寻和获取大众创新成果并加以利用②。这两个核心过程围绕着用户的个性化需求及其所带来的市场空间而展开，此即"众创模式"，它使创新开始走向网络化、民主化，是开放式创新理论发展深化和成熟的结果。

---

① 徐广林，林贡钦. 公众参与创新的社会网络：创客文化与创客空间［J］. 科学学与科学技术管理，2016，2.

② 刘志迎，陈青祥，徐毅. 众创的概念模型及其理论解析［J］. 科学学与科学技术管理，2015，2.

深入研究众创空间我们就会发现，众创空间虽然外在表现为空间载体，但它并不是一个简单的空间载体，也不能把它与现有的任何一种具体的创新形式划等号。众创空间具有无边界、自组织与客户化等创业生态系统特征。众创空间的出现实际上引发了创新模式的变革。我们通常将传统的在专门的研发机构由专门的研发人员独立完成的创新称为"中央研究院式创新"，这种创新只能满足大众化需求。而随着经济社会的发展，人们需要更能满足其个性化需求的新型产品和服务。众创空间的众创模式可以不断把创客的创意现实化，创造出具有个性化的产品，提供个性化服务，满足用户快速变化的个性化定制需求。此时的创新已经从知识精英的专利变成普通创客的创意和智造，这种创新模式即是"云创新"模式。这种创新模式符合国家未来创新驱动战略方向，将带领我们走向群智创新时代。

众创空间不仅是一个创新创意的转化场所，也是一个创业创造的孵化空间，更是一个创新学习的实践场所。众创空间的创新不是一种单纯的企业技术创新，它更是一种基于开放共享、自由平等文化理念之上的模式创新，是一种创新型社会的运作模式。在这个创新型的未来社会，真正的创新不再仅源于少数精英自上而下的推动，而是一个基于大众的、草根的、自下而上的全民创造过程。制造过程成为一种面向问题、乐于分享的文化规范，技术制造本身也被看作解决社会问题的重要力量，可能会催生"技术科学发展治理的替代模式。"① 而且，众创空间所提供的远程

---

① Kera D. NanoSmano Lab in Ljubljana: Disruptive Prototypes and Experimental Governance of Nanotechnologies in the Hackerspaces [J]. Journal of Science Communication, 2012, 11（04）.

松散的工作方式、社会化响应的任务完成方式、全新的雇佣关系、新的就业与创业的机会，等等，都在向我们展示未来社会更高文明的新样式。这种文明是通过不同于传统观念和传统手段的颠覆性的创新来实现的，它调动所有可能参与的人群、整合所有可能资源、超越以往所有创新经验，彻底颠覆了创新的组织形式、创新的产权制度、创新的文化主旨、创新的成本计算方法，是一种破坏性创新，却代表了最先进的生产力，蕴含了无穷的认识世界与改造世界的力量。① 也许我们这样的国家，我们这个在工业经济时代的后起民族在新的时代里，在将我们的创新模式进行一次重大的创新之后，赶超将会真正到来。

（六）众创空间的生态系统

这里将以梦想小镇和天安数码城为例，介绍众创空间创新生态系统的安全。

1. 梦想小镇

为了最大程度激发群体的参与热情，梦想小镇改变了以往政府主导培育创业企业的模式，转而引入了多中心治理理念，借由众多孵化器来协调、带动其他主体，构建资源共享、相互依存的创新生态系统。

自成立起两年时间里，梦想小镇先后引入了良仓孵化器、极客创业营、湾西孵化器、阿里纵贯会、蜂巢孵化器、上海苏河汇、北京 36 氪、500Startups 等 15 个孵化平台。这些孵化器在发展定位、运营机制上各有特色，比如，由阿里巴巴离职高管团队创立的良仓孵化器，主要为互联网早期创业团队提供 3~6 个月

---

① 任丽梅，黄斌. 云创新——21 世纪创新模式［M］. 北京：中共中央党校出版社，2009.

的孵化服务，以服务换取股权，形成了"良仓三人行""良仓公开课""良仓 Demo Day""CEO 小饭桌"等系列活动，用于对接创业团队、投资人以及服务机构的相互诉求。比如，极客创业营为我国首家资源众筹孵化器，在已有经营主体的基础上划分部分股份吸引大量社会资源参与，共同构建创业服务资源平台，首期众筹吸引了 57 位认筹人共同服务于创业企业。创业企业能否进入创业园区并及时获得相应创业资源，很大程度上取决于孵化器、资本及各类资源方的共同认可及协作。与此同时，不同类型孵化器的存在为满足创业团队的差异化需求提供了扎实基础，基本涵盖了办公、融资、社交、培训、市场推广、技术研发、战略辅导等各环节的孵化培育服务。

2. 天安数码城

天安数码城的商业模式与梦想小镇相比要更简单，可称为"一体两翼"。一体就是以园区的运营构建创新企业的创业生态圈为主体；两翼即一个金控平台，一个智慧空间。两翼是为园区企业服务的。金控平台是做投资的，包括做咨询等的一些企业，园区跟国内很多知名的投资机构开展合作，为园区企业的发展壮大提供支持服务。智慧空间的核心就是"一发布"。"一发布"是园区的资源整合平台，园区内所有的企业要政策、要资源、要市场、要人才、要资金，都可以在这个上面发布信息，包括外部的企业资源，也可以通过这个平台发布信息。另外还有产业研究院，产业研究院主要研究产业发展的未来和行业的未来，一方面满足自身招商引资的需要，另一方面可以为园区内的企业提供产业上的政策支持，让这些企业得到更好的发展。随着天安数码城的发展，天安数码城也在考虑走出去和引进来。走出去，即天安数码城现在已经在全世界，如美国、以色列、法国、德国、日本、韩国、澳大利亚都已经设立了国际直通车。而在引进来方面，典型的是携手以色列理工学院、知名智能硬件创业公司MUV等，在国内的园区共建高新技术合作平台。天安数码城是实打实做产业，没有做更多的住宅和商业，因为很多走出去的企业，包括做强做大的一些企业现在还和园区保持着非常紧密的联系。

三、虚拟创新生态系统——文化与知识生产虚拟社区组织

虚拟社区，又称为在线社区（online community）或电子社区（electronic community）。作为社区在虚拟世界的对应物，虚拟社区为有着相同爱好、经历或专业相近、业务相关的网络用户提供了聚会的场所，方便他们相互交流和分享经验。[①] 随着信息技术的普及和网络空间的兴起，网络环境下的知识生产、扩散和转移成为常态，网络数据库成为企业和个体获取知识的重要渠道，网络平台成为企业和个体交流、更新知识的重要场所，社交媒体被广泛应用于知识传播。

在创新生态系统中，知识作为一种独立的生产要素的趋势越来越明显。知识创新经历了从封闭式创新到云创新的转变，发展到今天，已形成全球范围内各种创新主体在各种创新空间中相互作用、加工、组合自有知识，并消化、吸收新知识的动态过程。这一过程具有类似于自然生态系统的基本特征，因而被称为知识创新生态系统。生态系统内不同的知识族群会随环境呈现一定的

---

① 裘涵，田丽君. 虚拟社区的内涵及其建构的组织性路径 ［J］. 中南大学学报（社会科学版），2006，6.

分布态势，彼此互动、竞争，受环境影响而不断演化。

就知识创新主体要素而言，网络环境下的知识创新主体通常包括企业和个体。企业参与知识创新的主要栖息场所为通用平台或企业虚拟社区，例如，苹果公司的应用程序商店、谷歌公司的Android 市场平台、戴尔公司的 IDEASTROM 平台、海尔公司的网络创意平台，以及小米公司的小米社区等。相比企业，个体参与知识创新的场所呈现多样化的特征，除了参与企业组建的虚拟社区，网络平台、虚拟社区中的各种兴趣小组随处可见，且大多数兴趣小组均被赋予明确的知识标签，个体通过检索关键字就可以找到相应的小组，例如，QQ 群中的各类兴趣群、经管之家的知识部落、维基百科中的各个知识学科。这些网络空间的存在克服了传统知识创新的地理条件限制和沟通约束，能够取得较好的创新效果。

网络空间是个体和企业知识创新的重要场所，个体和企业会根据网络平台及个体的内在需求选择恰当的知识创新行为。就知识创新族群而言，网络空间兴趣小组的知识创新团队即为知识创新族群。与传统知识创新团队不同，网络环境下的知识创新团队成员往往分布在各个地理位置和实体企业中，相互不认识，因而团队中异质性知识较丰富，如果对其进行合理利用，知识创新效果会更好。[①]

在通用社区中，企业通常按照"知识获取"期望准则进行知识交易；在品牌虚拟社区中，企业会按照"知识获取"期望准则，在个体主导情境下进行知识交易行为，在企业自己主导情

① 张永云，张生太，彭汉军，康琳. 从创新生态系统视角看网络空间知识创新行为［J］，科技进步与对策，2017，6.

境下进行知识共享行为。可见，不同于个体创新行为，企业创新行为受平台差异性影响较大。这一发现可以合理解释企业知识创新现状。企业寻求外部知识通常通过两种方式进行，对未涉及企业核心的通用型知识，以短期需求为主，其本质是通过市场交易填补其知识空白，因而企业会选择在通用社区中进行；而核心专业知识往往是企业创新的重要知识，需要外部群体的持续性参与，因而企业倾向于在各类品牌社区尤其是自建品牌社区中进行，且需要通过各种知识共享方式调动参与个体的积极性，主体间的关联程度较弱。

在移动互联网时代，随着移动终端的普及及语义知识网络的应用，知识创新主体不断增加和演化，生产消费者的崛起促使个体逐步分解为普通用户和粉丝，而产学研虚拟社区的流行则带动了政府、金融机构、社会组织等加入知识创新。由"产销者"粉丝社区、企业虚拟社区、利益相关者社区、各类实践社区、科学社区以及知识社区组成的新的知识创新生态系统正在改变旧系统。此时的知识创新行为根据生态要素之间的关系呈现出多种形式，既表现为个体和企业知识的检索，也表现为个体—个体、个体—企业、企业—企业之间的知识共享、知识贡献和知识交易。一些网络平台上经常出现个体和企业就知识创新行为进行博弈的现象，不同参与主体的知识创新行为彼此影响和促进。

显然，网络空间已经成为企业和个体创新的重要场所。通过组建各类虚拟社区或社群，将用户、研发机构、初创公司、发烧友等社会群体的知识或智慧引入企业创新体系，让需求与技术无缝对接，目前已取得不错成效。对个体创新而言，借助互联网平台，个体能够快速获取各类信息，学习多种知识，无形中提升了其创新能力和创新水平，大众化层面的创新力量引起了国家的重视，"万众创新、大众创业"被提升至国家战略层面，成为推动中国经济持续发展的重要动力。

四、平台化的企业创新生态系统——小米的创新生态圈

不同于其他新兴公司选择借助阿里与腾讯的资源和渠道优势，将其平台流量引流至自身产品与服务，小米是通过精心完善核心产品——小米手机来积累客户流量数据，打通上游供应链资源，并效仿著名零售巨头 Costco、ALDI 以及快消巨头无印良品高性价比的精品战略，大力布局企业创新生态系统，在 3 年多的时间里迅速积累起一个科技企业群，组成了遍布智能硬件与生活耗材的创新生态。

小米创新生态系统的构建有许多独到之处，最引人关注的有以下几个方面。

（一）创新生态系统建设的切入点："蚂蚁市场"

所谓蚂蚁市场，就是指长期没有巨头产生、没有形成垄断、竞争者很多的行业。为了尽快实现硬件产品对家庭用户的覆盖，小米将手机作为底层硬件入口，小米手机追求的高性价比为小米带来巨大资金流入的同时，其倡导的"高品质＋合理价格"消费升级理念为小米积攒了大批忠诚消费者，塑造了良好的品牌形象，其销售渠道也为日后小米自身产品与创新生态产品的销售打好了基础。与此同时，小米手机的成功为小米打通了上游供应链，而且在手机的研发过程中又潜在地锻炼了小米的工程师团队，帮助积累了一系列核心技术。总的来说，小米创新生态系统以"蚂蚁市场"为切入点，用手机来搭建整个创新生态系统的基石。

（二）创新生态系统建设的布局原由：拓宽产品矩阵，紧跟市场前景

小米在手机市场的成功虽然为小米带来了大量的终端用户与优秀的现金流，但是不同于苹果手机依靠"硬件 + 软件（操作系统 iOS）"完美融合所产生的高度客户黏性，小米手机由于安卓操作系统的普遍性，垄断能力不足，导致手机单品的竞争压力更大，更需要产业链的拓宽来增加企业产品纵深。创新生态系统以拓宽产品矩阵、通过连续的产品发布维持消费者对品牌的热情为中心源由，使其能在互联网时代提前布局，迅速占领渠道与上游资源，为小米创新生态系统接下来的发展提供了巨大便利。

（三）创新生态系统建设的搭建方式："小米模式"的行业推广

小米创新生态系统的创建采取了一种简单而有效的方法——复制小米手机的成功。也就是在其所布局的全部生态系统中推广小米手机模式，打造数百上千个小米。截止 2017 年年末，小米 IoT 已接入超过 800 种智能硬件，物联网设备总数达到 8 500 万台，日活跃设备超过 1 000 万台，已经成为全球最大的智能硬件 IoT 平台。这个庞大的创新生态系统飞速发展的过程，同时也是小米自身的商业模式与价值观向创新生态辐射行业推广的过程。

（四）创新生态布局的核心思路：一条始终追求效率与速度的"鲶鱼"

对小米而言，搭建创新生态系统的准则仍然是在不同的行业间推广小米自身在手机、路由器等自产产品上一直践行的"高品质 + 合理价格"的消费升级理念。而效率，正是小米创新生态系统立足行业、颠覆行业和变革行业的一大利器。

最后需要指出的是，小米在布局企业创新生态系统的过程中，没有延续一般公司采取的通过产业资本对行业内相关产业进

行投资并购，或是战略合作式扩张的方式，而是选择了"投资 +
孵化，占股不控股"的模式来进行布局。"投资 + 孵化"的模
式，即在创新生态企业初步涉足市场的过程中，小米扮演着创新
生态舰队航母的角色，提供全方位服务与资源支持。

目前，小米创新生态系统在经历了前三年的急速扩张后，一
个"块化效应"显著的创新生态系统已经逐步完成了大致搭建。
近年来，小米创新生态产品不仅在国内实现销量与口碑的双丰
收，更是走出了国门，走向了世界。

五、京东通过商业生态圈构筑企业创新生态优势

竞争优势理论曾是传统的企业发展的基本理论，但在新时代
背景下，该理论对平台企业的优势及其可持续性的解释受到质疑
和挑战。传统商业环境下的企业可以利用信息不对称获得竞争优
势，但在互联网时代，这种竞争优势受到严重挑战。处于商业生
态圈领导地位的平台企业获得的优势不再仅仅是传统意义上的竞
争优势，而是生态优势。平台企业在生态圈中形成的生态优势与
传统竞争优势的形成路径截然不同，平台企业的发展对传统竞争
优势理论提出了挑战。近年来，平台企业借助信息和交流技术
（ICT）的发展，将企业间的竞争引入更全面、更深入的平台之
间的竞争以及商业生态圈之间的竞争。

京东商城作为一家知名的互联网企业，在利用平台企业的优
势构建商业生态圈方面颇有建树。它在自身的不同发展时期，采
用了不同的对策，实现了企业的高速增长。

（一）初创期强调行业生态系统基础的构成

京东作为一家电子商务企业，正如其创办者所说的那样，没
有自己的制造工厂，既不生产产品，也不是终端消费者，其发展

还要依靠企业自身拥有的资源和能力，并成为"机会发现者"，这也是生态圈建设的基本出发点。也就是说，初创期虽然总体上自身实力有限，能够利用和整合的外部要素不多，因此要不断探索和发现市场机会，为在快速发展期发挥网络效应奠定了基础，即"打铁还需自身硬！"

（二）发展期规模集聚效应的形成

京东平台存在大量卖家，能够提供多样化产品和服务，京东得到了大量外部企业的互补性资产，销售产品类型不断丰富，大量优质商家和供应商入驻平台，凭借其建立的声誉资产和商业模式，先后获得国际知名企业及社会知名人士的融资，这些都在其自身硬的基础上逐渐成为一种资源积累的优势。

在这一时期，京东在整个商业生态圈中形成了领导位势。京东平台上的用户达到临界规模，成功激发网络效应，实现了用户大量集聚，用户成为生态圈发展的战略性资源。供应端先进入的商家会吸引其他商家的跟风和加入，早期进入平台的消费者也会吸引后入者，这就是直接的网络效应。商家看到京东平台上的消费者需求数量巨大，因此越来越多的卖家主动加入平台；消费者看到京东平台存在大量卖家，能够提供多样化产品和服务，自己能获得更多的福利，因而更多消费者愿意加入京东平台，这种正反馈机制就是间接网络效应的激发。

京东平台可以利用优质的基础设施吸引单边用户的优势资源和能力，也可以通过间接网络效应撬动多边用户的优势要素，并且随着平台规模的扩大，京东的实力得到快速提升，能够控制和利用的外部要素越来越多。

（三）成熟期推动生态创新的形成

进入成熟期后，京东作为平台企业居于整个生态圈的核心，对整个生态圈有着强大的号召力和控制力。在这一时期，京东在整个商业生态圈中提出要成为关键者，引导生态圈中的多物种实现协调发展，这样，京东平台能够获取、整合和利用的资源与能力也越来越多。商业生态圈中的多物种在平台企业这个关键物种和领导物种的配置和整合下，通过互利共生的价值创造和价值分享机制，实现多物种协同发展、跨界创新、价值共创与互利共赢。

六、创新生态系统的特性

创新生态系统的要义在于"生态"。"生态"一词在生物学上被定义为："在一定空间范围内，植物、动物、真菌、微生物群落与其非生命环境，通过能量流动和物质循环形成的相互作用、相互依存的共同体。"① 通过上述不同的创新生态系统的建设经验，我们可以发现一些创新生态系统共同的特性。

（一）创新生态系统的发展是市场力量作用的结果，信用是系统整合的关键要素

创新生态系统源于创新体系，是创新体系的高阶进化形态，具备创新体系所有的结构要素与功能特征，具有更强的生物学特性。我们借用"生态学"的基本属性来研究"创新体系"问题，用生态学的规律性方法研究创新体系。而块化的创新生态系统是更具象化的一种系统描述，它更明确地体现了系统内的结构特征，即"条块整合"。

推动创新生态系统发展的是市场的力量（选择），而市场的

---

① 生态，百度百科，https：//baike. baidu. com/item/% E7% 94% 9F% E6% 80% 81/259459？ fr = aladdin.

核心是交易，交易的关键是信用，因此，生态系统内部的信用成为构建创新生态系统的关键。

（二）开放式云创新平台是创新生态系统中的关键器物

创新生态系统（准确地说，可以称"开放式创新生态系统"）的特别之处在于，它相当程度上是基于互联网、移动通信技术、信息通信技术以及有良好交互性的 Web2.0，促使"平台型公司"大量涌现，有效地联结起了创新链上的各创新要素，并使之发生更为深刻、紧密的关系。微观意义上的企业创新生态系统中各物种通过整合创新资源，建立利益分配链，竞合共生，从而适应环境的选择并获得核心优势，整个系统表现出一种高度开放的状态。企业的创新战略必须与其创新生态系统相匹配——需要重新认识企业间及企业内部关系转变的规律，创新资源配置从企业内部循环走向外部循环，理解"非此地发明"带来更多创新源的重要意义，通过利用各种类型的云创新平台开展"外包""众包"等，从而实现成本缩减、效能提升。

由此，我们可以这样来认识：创新生态系统理论更多地是从组织与构建的角度来促进企业开展开放式的创新，而云创新则更多地是从实施方式、手段与工具来支持企业开展云创新。开放式云创新平台是创新生态系统中的关键。

（三）创新扩散速度决定了系统发展和演化的速度

要理解创新生态系统的演化过程，需要首先理解"惯例"的存在。在创新生态系统中，环境条件的改变是引起"惯例遗传"和"变异"的根本原因，系统的演化取决于动态环境下系统的适应能力。在这里，所谓的"惯例遗传"，借用了生物基因的复制过程中基因遗传的概念。"惯例"在创新生态系统演化中发挥的作用与"基因"在生物进化中发挥的作用相似，具有遗

传、变异和选择的特性。创新生态系统的演化遵循着惯例的遗传
（扩散）、惯例的变异（创新）、惯例的被选择（市场检验和适
应）的规律。创新要素长期不变的行为，在创新生态系统中，成
功的惯例会获得累积性保留，并通过模仿、传授和训练过程进行
传播，有效的扩散会改变个人和组织的行为方式，从而使系统发
生进化与演化。因此，能够被"复制"的惯例才是更被认可为
对系统演化有积极意义。由此，技术创新的管理者们得到一个启
发，那就是：想办法激发创新"扩散"的动力，创造更适宜
"扩散"的条件，从而使整个创新生态系统实现指数级的增值。
这是一种有规律的、可预测的组织行为，包括创新要素的创新行
为、生产行为、投资政策、合作策略等。

（四）系统块内的价值最大化是创新生态块的建设动力

对"创新价值最大化"的追求是创新生态系统存在和发展
最重要的动力，而在系统内其他创新要素的相互作用下，在创
新、市场开拓等与系统环境不断发生碰撞和自我调适过程中，最
终涌现出推动整个系统发展的力量。只有正确把握了创新生态系
统内在的演化规律，才能更好地创建、发展和优化系统。

第四节 创新生态系统的摩擦与区块链的解决路径

在每个运转的创新生态系统内部和外部都会存在不同程度和
不同类型的创新摩擦（所谓摩擦，是指任何事物的中间环节都存
在的阻力），这种摩擦既是该创新生态系统前行所需要的反向助
推力，也是阻碍该创新生态系统运动的阻力。如何使用它，关键
在于每个创新生态系统自身对创新摩擦的解决方法和方案。从这
一点来讲，影响创新生态系统优劣的最根本因素是在不同阶段和

不同层面的创新摩擦以及对创新摩擦的解决方案。人类进步的长河就是一部不断消除摩擦的历史。从引入货币取代易货交易，到以数字签名代替火漆印章，人类在解决创新摩擦的过程中也在不断地超越，推动社会不断进步。

一、摩擦及其在互联网时代的最新变化

摩擦所在，即为新势力所在，消除这种摩擦，从而使商业活动更顺滑，即为商业模式之创新。由此，我们经常会问，摩擦在哪里？通常的说法是，摩擦主要来源于创新，而创新摩擦又主要来自制度的惰性、限制性法规和无形的威胁：① ①既有的制度惰性。前期的成功有时会使企业骄傲自满，止步不前，逐步形成"僵化"的业务模式；各种旧的制度和官僚主义的流程，会在相当程度上降低企业的反应能力和变革能力。这种"僵化"会严重影响企业的创新和适应能力，从而使它们在数字化革命和模式变革面前不堪一击。②限制性的法规。在社会经济中受到限制最多的就是各种被严格监管的行业，这些行业由于各种审查或监管，无法迅速采取应对社会和技术变革的行动，其中最典型的就是诸如跨境业务因各国冲突的法规而受到严重制约之类的情况。当然，其中的许多摩擦都是有人故意为之，有意地建立在制度之中，即所谓的"权力寻租"。虽然信息化和自动化有助于降低成本，并且加快监管的运作流程，但是它无法完全消除这种监管与管治。③无形的威胁。新技术带来更具有竞争力的新业务模式，

---

① IBM 商业价值研究院. Fast Forward：Rethinking Enterprises, Ecosystems and E-conomies with Blockchains ［EB/OL］. https：//www － 935. ibm. com/services/us/gbs/thoughtleadership/blockchain/.

它们对那些无法有效进行规划和变革的企业来说是一种威胁。这种不断上升的不确定性将顺势而上，可能会让许多企业持续的业务成功戛然而止。小型企业和专注于产业技术的大型企业都会尝试驾驭新技术。虽然代价很高，但一旦成功，就有可能彻底改写整个行业的格局，获得极大利益。

摩擦的另一个重要来源是信息，它发生在信息的整个使用过程。包括：①信息不对称，即交易各方无法获得相同的信息。在大数据时代，这样的信息不对称会使未获得者一方处于更不利地位，有可能逐渐降低整个生态系统的价值。②信息还会经常出现不正确或者不一致的情况，即所谓的"噪音"太多，可能会导致决策失误，或者因需要重新调整而使决策延迟。③信息难以甚至无法获取。存储、处理、共享和分析信息等方面的技术挑战会极大地限制数据和信息的潜在价值，现实中大量信息处于无法收集或无法访问的状态。在此过程中，信息风险、黑客攻击、网络犯罪、隐私问题以及身份盗窃等技术风险呈上升趋势，这些都会导致信息成本不断上涨，同时也损害企业和品牌的声誉。

另外，在所有的交互过程中也存在大量摩擦。首先是交易成本。业务经营成本与其复杂性密切相关，会随着规模扩大、需要管理的资源（包括中介机构）增加而上升。几乎在所有情况下，复杂性都会侵蚀收益。其次是所谓的互动分离度。随着世界越来越扁平化，数字平台将完全不同的各方联系在一起，距离大大缩短，但是由于业务流程不透明，仍然存在延迟。以至有些业务交易非常耗时，甚至有些企业无法进入市场。很多地方企业无法以高效或可靠的方式接触市场，无法充分利用它们的资产和资源。即使是大型企业，同样也面临诸多障碍，有很多资产处于闲置状态，无法为促进收入增长或创造新财富做出贡献。

其实，大多数甚至绝大多数的摩擦都来源于不思进取和缺少规划。这些摩擦会在不同程度上影响各行各业的发展效率。这些摩擦的存在可以验证和淘汰许多不适生存的企业和市场主体。的确，摩擦已经成为竞争的基础，也成了创业的机遇，因为初创企业会在摩擦消失之际乘虚而入。

摩擦主要呈现为信息摩擦、互动摩擦和创新摩擦三种形态。对人类社会来说，每个世纪都会出现新的技术，用于消除这些摩擦产生的根源，也就是阻碍发展的低效率问题。例如，19世纪，因电话和电报的发明而让我们可以进行实时沟通和联系，有效地减少了信息摩擦；各国法规的冲突阻碍了全球化的步伐，丝绸之路让东西方文明相汇，减少了互动摩擦；而在14世纪出现的第一份信用证又为整个信托体系建立了新的基础，减少了创新摩擦或者是创新的制度摩擦。互联网的出现就像是给消除摩擦的缓慢旅程加装了超级助推器，它基本上可以同时解决以上所有类型的摩擦，有助于消除信息不对称，促进世界范围内广泛的零时空交流与互动，也有助于汇聚各种资源为创新所用。正因为如此，一些技术专家、经济学家纷纷开始期待无摩擦时代的到来。从理论上说，摩擦确实能够"以数字化的方式消除"，经过20多年的发展，互联网从应用场景探索、基础设施搭建、用户习惯培养到网络应用，不断丰富。我们的生活被不断互联网化，使我们得以高效地处理泛通信网络、跨时空和地域的信息交流，广泛的互联和即时通信、电子商务，等等。

然而，互联网虽然消除了一些旧有的摩擦，比如，信息不对称状况有所改善、交易成本降低等，但这些摩擦并没有从根本上解决，仍然存在的摩擦会带来严重的后果，甚至互联网本身也存在加剧以上所有类型摩擦的基因。因此，我们只能说，互联网的出现使摩擦出现了急剧的变化，各种类型的摩擦出现了此消彼长的局面。例如，信息不对称造成的摩擦促使业务合作伙伴和消费者等群体要求提高透明度；网络犯罪等新型摩擦甚至对最成功的企业也造成了威胁，而要预防网络攻击等新型威胁，其代价是高昂的，从攻击中恢复正常更是耗费巨大，等等。

可见，互联网在带给我们社交、娱乐、媒体等领域巨大便利和良好用户体验的同时，也迎来了自身发展的巨大障碍。因为这一时期的互联网并没有解决隐私安全、造假和信任这些根源性问题，甚至因为网络的隐匿性，一些不法分子利用网络侵犯他人的隐私并盗取信息，反而扩大了信任危机。有研究表明，在金融行业，凡是有中心机构、中心平台或有人控制和运营维护的平台或信息，都存在最基本的诚信和风险控制问题，互联网难以直接实现价值传递。尤其是在组织所有可参与的人员和资源共同来完成某个开放式云创新任务的时候，经常因为信任和知识产权问题，难以实现人力资源的最佳集聚效应。

在传统的互联网技术模式下，为了保证信任和信用安全，花费的成本堪称高昂。互联网的隐私安全问题首先体现在用户数据的集中存储和弱加密方面，即所谓的"单点风险"。一旦企业或集中式服务的保障措施被攻破，其经济损失和社会影响不容小觑，很容易造成重大的社会损失。其次，现行的网络并没有在信息确认、存证、防篡改等方面有所限制，而仅仅是提供了更强的信息流动功能，无法阻止甚至有可能加剧造假和网络欺诈行为。再次，人们只是因为信任和依赖机构本身的主体信用，才选择和接受互联网服务机构提供的中介服务，也就是说，人们实际上并没有选择和信任交易的另一方，只是将信用转移至平台。这就是说，当我们利用支付宝、银联、微信、网易邮箱的时候，实际上是因为我们相信这些服务的提供者阿里巴巴、银行、腾讯、网易等巨头企业不会恶意篡改、非法截取和使用我们传递的交易和信息。因此，这套信任机制的建立和维护成本是非常高的，同时，依靠"强中心"的信用转换来提供信任和安全的环境往往很脆弱，很容易受到攻击、发生故障和拒绝服务等。

此外，互联网在公平性、客观性、独立性上也存在巨大隐患。互联网以"自由""平等"的精神享誉世界，却并未给我们呈现一个平等的世界，反而加剧了权力中心的形成。去权力中心将是未来互联网发展的方向。

曾经的新技术——互联网已经发展到了又一个十字路口，亟待更新的技术、更新的架构或更新的方案来对其进行改进和升级。

二、区块链——互联网下半场的摩擦解决方案

几个世纪以来，全球性贸易一直是人类历史上最强大的"财富创造者"，但市场摩擦也是财富的最大障碍。多年来，企业已经消除了许多造成摩擦的根源：信托机构和信托工具应运而生，帮助降低商业交易中存在的风险；技术创新解决了低效率问题，特别是互联网技术的发展，为这些摩擦的消除做出了不少贡献。但是，现实的商业交易中仍然存在效率低下、成本高昂和易受攻击等问题，这些都需要技术的发展来解决。让我们先来看一下互联网本身的发展。

从近20年的发展来看，互联网的发展主要分为两个阶段：

第一阶段：消费互联网阶段。互联网由独自创造价值向消费领域扩散，互联网改变了消费者的行为，基于应用需求的创新模式层出不穷。消费互联网从提供资信为主的门户网站发端，随着

移动终端的多样化、智能终端的普及，目前已经可以满足人们绝大多数的消费需求，包括电子商务、社交网络、在线旅行等行业获得了极大发展。

第二阶段：产业互联网阶段。互联网在产业领域的拓展尚处于初步阶段，2012 年，美国通用电器公司率先提出了工业互联网概念，推动生产制造的数字化、智能化，标志着互联网创新从消费领域向生产领域的全面进军[①]。产业互联网不仅是使用方式的变革，更重要的是资源的组织模式的变革。之前互联网产业的发展很大程度上靠的是用户的"人口红利"，不管是早期互联网网民的迅速增加，还是过去几年移动互联网用户的激增，发展方式哪怕粗糙一点、成本哪怕高一点都不要紧，因为用户在快速增长。比如，每年能卖出几亿部智能手机，整个行业都会跟着水涨船高。那么，接下来考验的是真功夫：拥有这么多用户后，能不能提供更好的服务，能不能为用户创造出更多的价值？这需要不一样的发展模式、不一样的组织能力以及不一样的商业模式。这就需要我们通过互联网与各行各业深度整合，需要真正去创新，通过精耕细作来服务用户，通过为用户创造价值来实现自己的价值。基于互联网支付体系的建立和发展，以及在此之上的用户付费模式和消费习惯的形成是互联网模式大规模商用化的基础。以互联网为代表的信息通信技术的辐射效应显现，并加速向各行业横向渗透，基于互联网的商业模式创新不断涌现，推动产业颠覆式变革。但是，互联网技术始终没有解决数据的可信性问题。

---

① 吴蓉晖. 互联网下半场，产业互联网更具潜力 ［EB/OL］. https://news.pe-daily.cn/201612/20161227407269.shtml.

及至当前，创新型企业的关注点可能从以组织为中心转变为以生态系统为中心。更多地情况下，生态系统可视为由独立企业及其创造并分配业务价值的关系组成的复杂网络，在这个生态系统中，摩擦是广泛存在的。直到区块链技术的产生，在数据的"去中心化""可追溯""不可逆"的建构下，上述两个问题才最终得到了解决。按照通常的说法：区块链技术是一种可以创建永久、透明的交易记录的技术集成，更是一种去权力中心的技术解决方案。区块链技术有助于建立非权力中心、非人格化的信任，为演变出新型的数字经济和网络秩序提供了一种可能。无论是何种经济水平，区块链技术消除摩擦的效果都很惊人。区块链技术可以创建永久、透明的交易记录。透明的标准可以建立强大的信任基础，成为生态系统实现飞跃的跳板，曾被市场拒之门外的参与者和资产现在可以加入，从而加速了资本流动，带来了前所未有的财富机遇。

随着以上摩擦的消除，短期内可以实现的效益包括缩短时间、降低成本和风险。随着时间的推移，行业和社会将越来越多地应用区块链网络，我们期待整个行业的业务模式，甚至总体经济都能实现结构性转变。区块链技术转变了信息拥有模式，从单一所有者拥有信息转变为资产或交易的整个记录生命周期可以共享。新的模式是基于状态而不是基于消息传递的通信，过去模糊的信息现在清晰可见。

区块链网络通过推动资本流动和价值交换，改变了市场运行模式，扩大了商机。从点对点的下载、分布式存储和计算到点对点的网络借贷和资本众筹，再到如今的区块链、比特币和ICO融资（首次发行代币融资）……分布式、点对点、大众参与始终是"互联网＋去中心化"的应用核心。由此可见，区块链技术仅仅是互联网精神的延续，是"去中心化"在互联网技术领域的深化，是技术和社会演进过程中的必然阶段，同时也是推进自组织社会形成的技术手段。实际上，创新生态系统可以是地理空间（如硅谷创新生态系统），也可以是一种基于特定企业的产业链和价值链的虚拟网络（如苹果公司的创新生态系统），但它们都必须是"块化"、差异补充和有机协同的。

那么，究竟什么是区块链呢？它为什么能支撑起一种为世人所瞩目的虚拟货币的存在呢？我们对区块链的应用会带来哪些改变呢？我们将在下一章分析。

第二章　云创新的再升级——"块"创新

在创新生态系统这种由独立企业及其创造并分配业务价值的关系组成的复杂网络中，摩擦是广泛存在的。区块链技术可以创建永久、透明的交易记录，在帮助消除各行各业交易中的摩擦等"老大难"问题方面潜力巨大。我们一直在尝试利用区块链技术对创新生态系统和云创新平台的模式进行深入的优化，从而解决这些创新生态系统与社区运行之间的摩擦，促进创新生态系统与社区的自组织化运行，从而变革生产关系，极大地提升社会生产力呢？

让我们从北京市政府实施的科技创新券及其实施中的问题来谈起吧。

第一节　解决摩擦的起源

科技创新券的出现源自江苏省，但应用广泛且影响较大的地区主要是北京。据官方资料介绍，实施创新券的目的是进一步强化北京作为全国科技创新中心的核心功能定位，加快中关村国家自主创新示范区建设，进一步盘活首都优势科技资源，降低企业创新投入成本，聚焦科技创新活动，促进小微企业与高等学校和科研院所之间的产学研用合作。具体落实是由北京市财政局牵头与北京市科委共同组织实施科技创新券。

在运行实践中，创新券主要用于鼓励北京市小微企业及创业团队充分利用高等学校和科研院所下属实验室、北京市工程技术研究中心和北京市设计创新中心认定的实验室及其他北京市重点实验室的资源开展研发活动和科技创新，由北京市政府发放，小微企业及创业团队向高等学校、科研院所购买科研活动时使用，收取创新券的单位持创新券到指定部门兑现①。也就是说，不同于货币，创新券其实是一种可兑换的证券，它由财政专项资金做支撑，主要资金来源于北京市财政科技经费，使用和管理遵守国家有关法律法规和财务规章制度，遵循诚实申请、公正受理、择优支持、科学管理、公开透明、专款专用、据实列支的原则。

科技创新券无疑是一次有效的创新，它较大程度上解决了区域创新生态系统中的摩擦，为创新活动的顺利开展提供了润滑剂。科技创新券的优点具体包括以下几项：

一是降低了科技财政支持的门槛。不同于一般的科技计划只青睐"大院、大所、大校、大企"，创新券可以支持基本上所有有创新服务需求的中小微企业，这是科技创新券最突出的作用。

二是针对性强，即重点任务或者说支持的着力点是购买科技研发服务。科技创新券的政策任务是购买技术研发创新、技术改造、检验检测、知识产权、仪器设施共享等服务，或者针对企业在实际应用中遇到的困难提出解决方案等。这些服务是企业在发展过程中原本就需要做的，不会给企业增加额外的负担。这与一般科技计划项目主要支持企业研发新产品或新成果的着力点不同。

---

① 首都科技创新券申报系统，https://www.cxq-bj.cn/index.php?r=default/index.

三是申请及兑现手续相对于一般项目的"申请—审核—批准—中期检查—验收"要便捷得多。

从实际实施效果来看，科技创新券的应用还是很不错的，据北京市科委条财处列出的成绩单：自 2014 年 12 月出台《首都科技创新券实施管理办法（试行）》以来，"共有 1 498 家小微企业和 80 家创业团队与开放实验室合作开展了 1 694 个创新券项目，共计使用创新券 9 536.5 万元。"① 具体而言，科技创新券的实施效果主要体现在以下几个方面：

第一，科技创新券汇集了服务资源，激活了科技服务市场，增强了科研机构服务市场的积极性。长期以来，我国由于计划经济的历史影响，导致大量的科技创新资源集中在院校和科研机构，特别是一些昂贵的科研仪器设备，基本都是由财政资金支持的高校机构拥有。新兴的创业企业很难获得这些资源的支持，有时候"找人、花钱"都会因为管理机制和管理人员的激励不足，难以实现。科技创新券的使用增强了科研机构为中小企业服务的积极性。通过科技创新券政策，政府为科研机构增加了技术服务收益，特别是正当的服务收益，而不是私下收取的好处费，同时又为中小企业降低了创新投入成本，使科研机构需要通过竞争中小企业掌握的科技创新券来获得科技资源，这就要求其加强服务的针对性，使其提供的服务能够尽可能满足中小企业的科技创新需求。科研机构通过科技创新券获得政府的科技资源，最大的收获是实现了信用保障，避免市场条件下科技服务中常有的不必要的合作纠纷。许多地方政府部门还采取了相应的激励措施，对于

①　首都科技创新券：为创业嫁接科技资源，http://www.csmec.org.cn/cycx/dfkx/201609/87ee988e1a2c4952b576ebe037b4e3c1.shtml.

回收科技创新券金额大、实现服务客户多、服务质量评价好的科研机构给予表彰和奖励。因此，从宏观角度来看，科技创新券政策极大地调动了科研机构服务于中小企业的积极性，促使以前并不是很在意市场化服务的科研机构能够注重提升服务质量和水平，丰富服务种类和内容，提高科研服务人员的素质和专业服务能力。[1]

第二，科技创新券的使用激发了科技服务市场，优化了科技资源配置，形成了社会关注企业科技创新服务的良好氛围。例如，从法国巴黎留学归国的刘挺成立的北京询达数据科技有限公司，致力于深度搜索引擎在移动端的应用研究，得益于一张小小的科技创新券，叩开了北京大学自然语言研究所的大门，使其加快了研发新型搜索数据抽取技术的进度，在 Web 领域的分布式实时抽取系统填补了该公司在自然语言处理方面的研发空白，解决了该公司在这方面研发的不足。

第三，科技创新券是以市场手段配置资源，为企业的科技创新注入了动力。一些知名实验室主动要求加入首都科技条件平台，实现开放共享，如中国科学院地理科学与资源所接到企业的研发项目及使用科技创新券的需求后，主动要求加入科技创新券工作体系，对外开放共享资源并提供服务。中国科学院在首批开放 50 家实验室的基础上，又陆续开放了 60 家实验室接收科技创新券。这些资源以前可都是一般小微创新型企业不可企及的。

第四，科技创新券的发放对象是中小企业，资金不在多和少，关键是能够为企业的创新创业活动提供信心和保障，让企业

---

[1]　徐琴平. 科技创新券政策的实施与思考 [N]. 中国科技资源导刊，2017—8—26.

可以根据自身实际情况和市场需求自主创新，有助于企业建立起坚定自信的创新动力机制。

二、科技创新券的不足与对策

在科技部的主持下，许多地方科技部门都发行了类似的科技创新券，其使用已经非常普遍。但是，科技创新券的运行过程中也存在许多问题和不足，主要包括以下三点：

一是使用范围有限。受财政资金使用规范等的限制，科技创新券不能跨区使用。大多地区规定，只有本地区的企业或者创新团队才能申请使用，而且科技创新券也只能在本地区的科研服务机构或者科技服务平台内使用。由于我国科技创新资源分布的严重不均，使得许多地方的科研机构并不能为当地的中小企业和创业团队提供所需要的服务，这些企业不得不去外地购买服务（经常是北京、西安、上海、广州等地），可是在其他地区申请科技创新券又不符合政策的要求，这就极大地限制了企业获取科技服务的范围，降低了科技创新券的使用效力。

二是使用对象有限。支持与流通科技创新券的科研机构的数量与服务内容不能完全满足中小企业技术创新的需求。目前，各地在发行科技创新券时，对使用科技创新券的科研机构的范围提出了明确要求，认定可以使用科技创新券的本地科研机构范围较窄，服务内容也不够丰富，一般都面向本地的高等学校、科研院所或者科技服务平台，致使企业可以使用科技创新券的本地服务机构较少，提供的服务内容也较少，直接后果就是企业有券无处使用，科技创新券使用效果不理想。

三是科技创新券的兑现周期较长。受管理工作的限制，各地发行的科技创新券的兑现都要求在规定的时间内报销，一般是一年两次，少数地方甚至是一年集中办理一次。对许多初创期的中小微企业来说，本身就资金短缺，科技创新券的兑现周期长，影响了企业的现金流。另外，科研机构和科研人员的积极性也受到影响，制约了科技创新券实际效果的发挥。

针对科技创新券的相关管理部门存在核实困难、工作量大、资金管理要求高等客观原因，对一些虚报虚领的补贴申请难以辨别，许多地方的类似补贴资金难以发挥实际效果，一些专家学者提出，要"强化流程监管，构建企业诚信档案"的建议，建议提高监督力度，制定科技创新券权责清单、负面清单，完善相互监督的审批流程，强化每一笔科技创新券申请的监管力度。例如，设立全市投诉、监督热线，重视社会情况反馈，对工作人员恶意泄露申报企业信息、服务机构信息等行为进行严肃处理；对社会举报，管理人员要严守举报者身份、联系方式等信息，并及时对被举报者的情况进行核查，一旦发现举报属实，则在网上公布企业的虚假事实，取消企业申请科技创新券的资格，收回已拨付的款项，并列入失信黑名单，协调市区两级科技部门不再批复该企业的任何科技项目。

另外，还有专家提出要构建诚信档案，强化资金使用绩效，探索科研信用制度。对使用 5 万元以上科技创新券的企业进行信用查询，建立诚信档案，进一步规范科技创新券的管理与监督，强化财政资金使用绩效。对连续几年科技创新券申请量较大且诚实守信无争议的科技企业，可推荐给科技金融等处室，有相关需求时可优先支持。每年评定明星机构，选出一批服务好、信誉高的典型……

上述这些要求无疑又会带来新的问题和情况，在实际运行中，一方面增加了用户的障碍，另一方面也增加了管理成本。即便如此,科技创新券依然可以堪称科技部门最具有特色的重大管理创新。我们总结为:科技创新券的成功在于它引入了一种通证——"创新券",而它的不足则在于这个体系内的信用与共识建设的成本居高不下!由此我们设想,如果运用区块链技术和思想设计一种新型的区块链社区通证化的科技创新券,那将极大地改善北京乃至京津冀地区创新生态系统的建设!

为此,让我们先来深入了解一下区块链技术与思想!

第二节 区块链及比特币

《连线》(*Wired*)杂志的创始主编凯文·凯利曾在他著名的《失控》一书中提出未来是"去中心化"的观点,并指出未来的社会将是依赖于大众智慧、云计算与物联网、虚拟现实与敏捷开发共同协作,从而实现共赢共生进化的社会经济形态。我们所探讨的"去中心化"问题时正是沉浸在这一思想框架之下。无论是从电话、电报到互联网,再到P2P① 通信,还是从银行、信托、保险到P2P网络借贷或众筹金融,再到比特币,我们对于自由信息交换环境和去中心化价值传递的追求始终没有改变,也正是基于这一初衷,最终形成了如今的区块链技术②。区块链时代充分验证了"去中心化"和"机器信任"的可能性。首先,2008年诞生的比特币对以信用环境为基础的金融环境带来了极大挑战。其次,以以太坊为基础的智能合约催生了一系列生产生活服务新模式,打破了我们对传统中央服务器的依赖。最后,借

---

① P2P,对等网络(peer-to-peer),是一种网络技术和网络拓扑结构。

② 区块链也被视为一种技术方案或一种思想。

助区块链技术、共识的发展，以及区块链思想的社会认同，自组织社区正在加速形成，并对我们长期以来形成的"体制"和社会管理带来巨大冲击。"失控"与"控制"成为新时期社会管理工作需要关注的一个影响深远而又意义深刻的课题。

一、区块链技术

信任是最重要的社会资本，由理念、规则、法律、治理等长期积累而成。区块链技术产生的前提是人们面临传递信息和建立信任的困境时，通过对网络上每一笔交易建立集体核查的完整数据库，从而建立起算法式信任，解决了陌生人之间的不信任问题。

严格来讲，区块链并不能称为一项新技术，更不能称为"颠覆性"的创新技术，而是一系列算法和技术的组合应用。区块链的本质是一个数字"账本"，满足某一类特性的场景的"记账"需要。

（一）区块链的本质是一个数字账本

"区块链"这一概念源于 2008 年一个署名中本聪（Satoshi Nakamoto）的人在社区发表的论文《比特币：一种点对点电子现金系统》。中本聪在论文中构建了一个点对点的支付系统，各个节点①共同负责交易产生、确认、记账（存储），通过一系列算法组合和规则，用于判断每一笔交易的合法性以及是否应该记录，节点通过对算法难题求解来获得记账权利，并获得比特币（Token）作为奖励；确认记录的交易进行全网同步更新，保证每

---

① 节点是区块链网络物理结构的基础，是一个个计算存储设备，根据功能不同可以将其划分为交易节点、计算节点、验证节点、存储节点。

个节点都保留数据账本的全量信息，及交易数据的及时、完整和准确。正如网络中的电脑共同维护一个视频文件的完整性一样，人们通过网络进行交易时，一件数字资产的整个交易过程都会被记录在"账本"上，这个"账本"是由网络中的电脑共同维护的，不掌握在某个机构或者个人手中，它是分布式账本。R3 公司 CTO 布朗（Richard G. Brown）说过："当账本中加入一批条目时，也加入了上一个批次的索引值，让所有参与者都可以验证账本上所有条目的出处。这些批次就被称为'区块'，而所有区块在一起则被称为'区块链'。"区块链生成了一套记录时间先后、不可篡改、可信任的数据链条①，这个链条实现了数据库的去中心化存储、去中心化记录（即由系统参与者来集体维护），极大地增强了数据库的安全性和可靠性。

（二）区块链账本的结构

区块链具有以下几个方面的结构。

1. 去中心化的逻辑建构

所谓去中心化网络，是相对于传统的中心化系统提出的。市场上买卖商品、交易所资产撮合、银行存贷款、支付周转和担保、房产买卖等都是在一个强有力的平台或者信用中介的基础之上来辅助交易的，这个平台或中介就称为中心。中心有利于缓解信息不对称、增加交易双方的信任程度，同时也增加了交易的成本，降低了交易效率。中心化系统还面临服务器不稳定和道德风险问题。与中心化的集中式架构不同的是，去中心化的区块链将"中央服务器"的作用进行了弱化，各个节点不再区分服务器和

---

① 在区块链发展初期，"链"即代表链式存储结构，而最新的区块链数据结构有"图"（DAG）技术，但大家依旧习惯称之为"区块链"系统。

客户端的关系，各个节点可以平等地请求服务和提供服务，每个节点都是平权的。

区块链系统便是构建在这样一套去中心化的系统中，各个节点直接互联互通，形成一个没有任何结构且松散连接的网络。任何一个节点都可以将其相关交易信息传播到它所连接的其他节点上，各个节点有着相等的权限。根据协议相互交换数据和通信，具体可以有下三点解释：①区块链实现了会计责任的分散化，并建立了分布式数据记录体系，所有节点都可以参与记账，并保存全量账本；②网络点对点通信协议规定，新的数据（交易）将通过广播的形式由一个节点传播到另一个节点，并扩散到整个网络，即分布式传播；③对数据（交易）的计入是通过系统节点达成共识而确定的，同时通过及时更新记录在各个参与节点中的数据，保障了区块链账本数据的安全性和高容错性。

2. 分布式账本——加密数字链条

在去中心化的区块链网络中，每一个节点都是整个区块链数据的全量拷贝，因此也被称为"分布式账本"。分布式账本是账本的一种，是相对于单一中心数据账本或中心总账而言。区块链只是一种新的形式，区块链的数据账本是一个链式结构，与传统关系型数据库、事务型数据库、分布式数据库等都具有极大差别，对参与区块链网络的所有上层应用而言，它们就好像是同时在读写同一个本地数据库。任何一笔在区块链网络上被承认的交易，都会被所有节点确认和同步。

分布式账本虽然可以在不同的地点或站点的网络里实时更新信息并共享，但是每个参与在网络中的节点或者是参与者获得的信息（账本的副本）都是独一无二的。只要账本的信息出现变动，相对应的副本都会显示出来。通过使用公私钥及签名来控制账本的访问权，由此保证了账本中所含信息的安全性和准确性，以及实现密码学基础上的维护。

分布式账本的数据存储实际上是一个链式结构，当一笔交易发生时，通过一种算法对信息进行加密，并保存到区块中，将一个个区块编号并顺序相连，便组成了加密数据链条。因为这样的数据链条存储在每一个节点上，是没有中心的、平权的，而数据链条又是由一个个区块构成，每一个区块又由梅克尔树（Merkle Tree）[1] 构成，从而存储了每一笔交易的记录，也就充当了账本的功能，最终形成分布式账本。

3. 数据区块与交易列表

交易列表是数据存储的最基本结构，由一个个交易列表组成的梅克尔树（Merkle Tree）的哈希（Hash）值[2]，非叶节点是其对应子节点串联字符串的 Hash，即是每一个数据区块的内部结构，区块与区块相连，再按顺序相连，组成最终的区块"链"。但区块链之所以存在不可修改的特性，最大原因就在于链式结构、数据区块和交易列表的结构设计。

每一条交易都包含了付款人的公钥、收款人的公钥、交易信息与上一交易部分信息哈希和付款人的签名（防止被篡改和赖账）；通过对每条交易进行哈希算法处理，便得到了一个哈希值，把相邻的两个或多个哈希值再次进行哈希处理，最终便生成了唯一的根哈希，通过一次次哈希运算便生成满是哈希值的树形结

---

① 通常也被称作 Hash Tree，就是存储 Hash 值的一棵树。Merkle 树的叶子是数据块（如文件或者文件的集合）。

② Hash，一般译作"散列"，直接音译为"哈希"，就是把任意长度的输入［又叫作预映射（pre-image）］通过散列算法变换成固定长度的输出，该输出就是散列值。

构，即梅克尔树。梅克尔树是一个区块的主要结构（区块体），而根哈希也被称为"梅克尔根"（Merkle Root），加上前一个区块的哈希信息和时间戳，组成当前区块的区块头，区块头和区块体共同组成一个完整的区块。

由于所有的信息加密、标签存储都采用了哈希这种单向加密算法，而这种加密过程是不可逆的，这就意味着无法通过输出散列的内容推断出任何与原文有关的信息。任何输出内容的变化，哪怕仅仅是一位数字的更改，都将导致散列结果的明显变化。因此，基于输出散列与输入原文一一对应的特性，哈希算法可以被用于验证消息是否被修改，同时也可以作为每一个区块、交易、用户的唯一标识。

同时，每笔交易上的时间戳是验证数据存在性的重要手段。时间戳证明了用户数据产生的时间，为用户提供了一份电子证据，如同交易合同公证一样，证明了交易记录的真实性。时间戳作为区块的重要组成部分，具有天然的时间特性，也因为时间戳的使用，与哈希算法、链式结构一起组成了区块链不可篡改的完美防线，增强了区块链的安全性能。

总之，区块链是一种把区块以链的方式组合在一起的数据结构，它适合存储简单、有先后关系、能在系统内验证的数据，用密码学保证了数据的不可篡改和不可伪造，并使全网参与者共同对全网交易记入的事件顺序和当前状态建立共识成为可能。

（三）区块链的功能特性及技术实现

区块链技术涉及的关键点包括：去中心化（decentralized）、去信任（trustless）、共识机制（consensus mechanism）、集体维护（collectively maintain）、可靠数据库（reliable database）、时间戳（time stamp）、非对称加密（asymmetric cryptography）等。而依

托区块链技术开发的系统主要包含：多元协作、机器信任（自治性）、信息不可篡改、交易公开透明、隐私安全。

1. 多元协作

在区块链应用之前，公司间协作通常只有通过寻找共同的"上级"机构或通过共同组建一个第三方机构来完成协调和管理的相关工作。在大多数情况下，建立统一公信中心或第三方成本太高，而区块链提供了一个对等的方式把参与方连接起来，参与方共同维护，使协作方式富有弹性。区块链的这种特性取决于区块链系统是通过共识机制和智能合约来表达协作规则，同时记账的确认和记入也是根据算法机械执行。

区块链系统中所有节点之间无须信任也可以进行交易，因为数据库和整个系统的运作是公开透明的，在系统的规则和时间范围内，节点之间无法欺骗彼此。

区块链系统是开放的，除了交易各方的私有信息被加密外，区块链的数据对所有人公开，任何人都可以通过公开的接口查询区块链数据和开发相关应用，因此整个系统信息高度透明。

2. 机器信任

机器信任也称为区块链的自治性。区块链采用基于协商一致的规范和协议进行工作，任何人为的干预都不起作用。这主要可以从两方面理解：一方面，区块链系统作为电子系统，机械地从信源、交易过程中实现数据采集和上传，保证了数据的时效性和真实性；另一方面，区块链通过一套公开透明的算法、规则和约束机制，确定了机器环境下数据如何记入、系统如何运行、交易如何完成等问题的解决方案，使整个系统中的所有节点能够在去信任的环境中自由安全地交换数据，使对"人"的信任变成了对机器的信任，任何人为的干预均不起作用。

3. 信息不可篡改

使用区块链技术发布的信息在被加密的同时共享到多台个人计算机上，第三方机构很难篡改。首先，区块链的交易信息通过哈希算法加密，并进行反复迭代加密形成树形结构。其次，交易列表迭代哈希形成的树根（root）与时间戳一起组成区块头，区块头时序相连形成链式存储结构。最后，每一笔交易在上传、确认时必须经过系统中多数节点的确认方可被记入。因此，通过算法、规则和结构设计，一旦信息经过验证并添加至区块链，就会永久地存储起来，且很难被修改。在任何单个节点上对数据库的修改都是无效的，这极大地提高了区块链数据的稳定性和可靠性，避免信息易逝性，防止恶意节点污染和篡改数据。

4. 交易公开透明

区块链是分布式的，每个记录节点都保存了一份完整的数字账本，并且由于区块链计算余额、验证交易有效性等都是通过追溯每一笔账来实现，交易数据都是公开透明的，除了交易各方的私有信息被加密外，区块链的数据对所有人公开，任何人都可以通过公开的接口查询区块链数据和开发相关应用。因此，区块链技术提供了一整套可靠、完整和高效的追踪信息来源的解决方案。

5. 隐私安全

对于通信/交易的双方来讲，由于节点之间的交换遵循固定的算法，其数据交互是无须信任的（区块链中的程序规则会自行判断活动是否有效），因此，交易对手无须通过公开身份的方式让对方产生信任，对信用的累积非常有帮助；同时，区块链交易信息采用非对称加密算法①进行数据加密，在解密过程中，只有交易双方才可以通过自己独有的公钥或私钥对信息进行解密，极大地增加了信息的安全性和隐秘性。

二、比特币对现有经济体系的巨大冲击

比特币（Bitcoin：比特金）是基于区块链技术而开发的在数字世界使用的网络虚拟货币，可以购买现实生活当中的物品，可部分替代法币的功能。它的特点是分散化、匿名性，不属于任何国家和金融机构，并且不受地域限制，可以在世界上任何地方兑换，也因此被部分不法分子当作洗钱工具，对现有经济体系造成巨大冲击。

（一）比特币概述

2008 年爆发了全球金融危机，当时有人用"中本聪"的化名发表了一篇论文，描述了未来货币即比特币的模式：用户可以买到比特币，同时还可以使用计算机依照算法进行大量的运算来"开采"比特币。在用户"开采"比特币时，需要用电脑搜寻 64 位的数字，然后通过反复解密与其他淘金者相互竞争，为比特币网络提供所需的数字，如果用户的电脑成功地创造出一组数字，将会获得 25 个比特币。由于比特币系统采用了分散化编程，所以在每 10 分钟内只能获得 25 个比特币，而到 2014 年，流通的比特币上限将达到 2 100 万。换句话说，比特币系统是能够实现

---

① 非对称加密算法，如椭圆双曲线算法、RSA 算法等，非对称加密算法需要两个密钥：公开密钥（public key）和私有密钥（private key）。公开密钥与私有密钥同步出现，并相互解密。因此，非对称加密算法实际上构建了一套公约私钥共同协作完成数据传递的作业方式。

自给自足的，通过编码来抵御通胀，并防止他人对这些代码进行破坏。

许多面向科技玩家的网站已经接受比特币交易，包括 Mt-gox、BTCChina 之类的网站，以及淘宝网的某些店铺甚至能接受比特币兑换美元、欧元等服务。毫无疑问，比特币可以成为真正的流通货币，人们可以用钱来买比特币，也可以当采矿者。国外已经有专门的比特币第三方支付公司，类似国内的支付宝，可以提供 API 接口服务。

（二）比特币的基本原理

比特币是基于三个基本原理进行构建的，即节点查找机制、货币供应机制和交易支付机制。

1. 节点查找机制

比特币采用点对点的方式进行通信，没有中央服务器，就无法直接找到其他的节点进行通信。比特币使用以下三种机制来解决初次运行时如何查找其他节点的问题。

（1）在默认情况下，运行比特币的客户端加入一个 IRC 聊天通道，并可以获知加入该通道的其他客户端的 IP 地址和端口。该通道的名称和 IRC 聊天服务器的名称被写在了比特币软件中。

（2）一些"知名的"比特币节点也被编写在软件中，以防 IRC 聊天服务器由于某种原因无法访问。

（3）手动添加运行比特币的其他客户端的 IP 地址。

一旦连接到某个节点，其发送的信息中就会包含其他节点的地址，然后便可通过比特币网络自身来找到其他比特币节点，而不再需要上述三个机制中的任何一个了。这种机制确保了比特币网络无法被政府或其他机构隔离、破坏，保障了比特币系统的可靠性。①

2. 货币供应机制

比特币是由系统自动生成一定数量的比特币作为矿工奖励来完成发行过程的。矿工在这里充当了货币发行方的角色，他们获得比特币的过程又称为"挖矿"②。所有的比特币交易都需要通过矿工挖矿并记录在这个账本中。矿工挖矿实际上就是通过一系列算法，计算出符合要求的哈希值，从而争取到记账权。这个过程实际上就是试错的过程，一台计算机每秒产生的随机哈希碰撞次数越多，先计算出正确哈希值的概率就越大。最先计算出正确数值的矿工可以将比特币交易打包成一个区块，然后记录在整个区块链上，从而获得相应的比特币奖励。这就是比特币的发行过程，同时它也激励着矿工维护区块链的安全性和不可篡改性。

平均而言，约每10分钟整个网络中就会出现一个新版块。要制造出比特币，就要争取成为全网络第一个创造出新版块的人，并将这个新版块向整个网络公布。网络上的每个人都可以进行检查，看你是否确实解决了这个问题。如果10分钟内被别人抢先了，前面的计算全部作废，只能重新再创建一个新的版块。因此，制造比特币的难度与一定时间内全网投入制作工作的平均运算能力相关。单一个体"发现"新板块的可能性是建立在他的计算能力与全网计算能力的综合比较之上的。

---

①　洪蜀宁. 比特币：一种新型货币对金融体系的挑战 [J]. 中国信用卡，2011，10.

① 洪蜀宁. 比特币：一种新型货币对金融体系的挑战 [J]. 中国信用卡，2011，10.

② 挖矿的概念后来被衍生为通过确保安全支付网络运行的服务获得奖励的一种网上新型工作。

设计者在设计比特币之初就将其总量设定为 2 100 万枚。最开始每个争取到记账权的矿工都可以获得 50 枚比特币作为奖励，之后每 4 年减半一次。到目前为止，比特币已经挖出了总量的 80%，每个区块的挖矿奖励也减半至 12.5 枚比特币。预计到 2140 年，比特币将无法再继续细分，从而完成所有货币的发行，之后不再增加。

3. 交易支付机制

在这样一个体系下如何完成支付呢？比特币的交易需要在自己的机器上开设一个账户，这个账户其实就是一对公私钥，通过公开密钥算法进行交易。如果 A 要给 B 转一笔钱，整个过程要分三个基本步骤：

第一步，付款人签署交易单。即 A 把钱的数量加上 B 的公钥（即收款地址），用自己的私钥签名。而 B 看到这个签名就可以了解，的确是 A 转给了他如数的比特币。

第二步，收款人确认单据签署人。即 A 在发起这笔交易的时候，必须把签过名的交易单广播到比特币网络上，最终会让每个节点都知道这件事。B 从网络上不断收到别人的确认信息，当他收到足够多的确认信息后，就能确认 A 的确发出了这条交易单。之后，B 就可以自由使用这笔比特币了。

第三步，收款人确认付款人余额。即当 B 将 A 转给他的比特币再转给 C 时，也会广播给足够多的人，让他们进行担保。每个担保人只有确信 B 有足够多的比特币可以支付的时候才做确认。

比特币系统是分布式货币系统，不依赖任何中央控制，所以不会有一个或少数几个人或机构负责这件事，最终承担这份工作的是之前所提到的矿工组织。A、B 和全部其他其他任何使用比特币进行交易的角色都依赖矿工组织的工作才能完成交易。

本质上，比特币网络并没有记录每一个比特币属于谁，它记录的是一个列表，包含这个比特币从诞生起到当前的每一笔交易。任何人试图确认一个交易单时，比特币网络都会通过检查这个列表来确认转出账号上有没有那么多比特币。

（三）比特币的主要特点

1. 无中央控制

与传统的虚拟货币不同，比特币是一种分布式的虚拟货币，没有中央机构，整个网络由用户形成，无须中央服务器，全部基于点对点的设计。比特币的每个用户都是平等的，都是比特币系统的组成部分之一，也不受虚拟货币发行机构的控制，由比特币网络所有节点集体进行管理。比特币的发行过程只受算法的控制，除非所有的比特币网络节点都改变算法，否则比特币将以预定的模式持续发行。这便使比特币不存在倒闭或破产的风险，使其比现行的任何一种货币都更安全。比特币可以避免中央银行不良决策的影响，避免因人为因素造成的货币危机。

2. 完全匿名

比特币的所有交易都记录在每一个分布式网络的节点上，应该说它是全透明的。比特币的匿名性在于，你只知道某个地址的交易情况，不知道这个地址背后是谁，而且一个人还可以拥有很多个地址，所以你很难知道某个人持有多少比特币，除非他告诉你而且不撒谎。传统的虚拟货币严重依赖账号系统，必须收集交易双方的个人信息来完成交易，而比特币通过公开密钥技术不再依赖账号系统，交易双方可以随意生成自己的私钥，只需将与其对应的公钥告知付款人即可收到款项，下次再使用时可以重新生成一对公私钥进行交易。这种一次一密的做法可以做到完全匿名交易，无法跟踪。

3. 交易成本低廉

比特币被认为是一个电子版本的现金信封系统，其中，每一个地址都有零或以上单元具体面值的电子现金。输入增加现金单元（和值）到地址，输出调动现金单元（和值）。比特币使用术语"未花费的币"（unspent output）来指其电子现金的单元。比特币交易会将一个或多个未花费的币进行再分配。也许相反，交易费是基于交易再分配的"未花费的币"的总数，而不是他们的总值。比特币交易是免费的，交易成本极低，只需占用交易人电脑的一点 CPU 时间、存储空间和网络宽带而已。据报道，在一笔交易中，每 1000 字节的数据增加 0.1 mBTC 费用，任何规模低于整千的，精确到千位。

比特币的交易费可通过以下两种方式达到最小化：一是通过最小化小额输入数量；二是通过减少使用每个输入的成本。这两种方法都是可行的，同时也能有效地结合。有些交易有资格不支付交易费。

另外，比特币交易无须中间人，可以不通过任何金融机构方便地进行互联网上的汇款，也没有任何第三方可以控制或阻止比特币交易。由于比特币的匿名性，没有任何政府了解比特币的交易情况，因此比特币的交易可以不用纳税。

4. 不会膨胀

比特币作为一种电子可支付的流通货币，它的发行上限为 2 100 万。用这确定量的比特币和普通货币进行兑换，这种限制避免了因中央银行的不良政策和人为干扰所造成的通货膨胀。一般来说，比特币不会发生通货膨胀，反倒是会因为其数量少产生通货紧缩。不过好在比特币是可以分割的，可以分割成

0.001BTC 或者更小。

5. 易损性

比特币只存储在电脑中，没有任何实体与其对应。一旦存储比特币的电脑硬盘损坏而没有备份、电脑被盗或者存储比特币的 U 盘遗失，将永远无法找到那些比特币。

（四）比特币对实体经济体系的冲击

比特币等虚拟货币的出现完全颠覆了实体经济体系中的法币模式，因其非通胀性和难以追踪性等，具有一定的风险。

1. 固定投放总量，预防人为通货膨胀

比特币固定了基础货币的投放总量，不可能发生人为的通货膨胀。实际上，比特币会一直保持紧缩，即比特币将会长期升值。获得比特币也会越来越难。

2. 无中间机制，难以追踪终端用户

以比特币为中介的交易几乎是实时的，且没有手续费，银行等中间机构无法从中获取中间收入。比特币的交易没有中间机构来管理，匿名性也使其很难被追踪到终端用户，因此，比特币很可能被用来从事非法交易，如倒卖盗版印刷品、毒品、军火等。

3. 交易确认时间长，投机性较大

从比特币的特征来看，目前存在的系统性风险比较大。比如，交易平台的脆弱性，尽管比特币网络很健壮，但比特币交易平台很脆弱。交易平台通常是一个网站，而网站会遭到黑客攻击，或者遭到主管部门的关闭。此外，比特币还存在交易确认时间长、价格波动大等问题。未来，比特币需要更加规范化地运作。

第三节　区块链的块哲学、信仰与价值

曾几何时，"防核辐射胸罩"作为美国最抢眼球的一项发明为人们所称道。不知道为什么，那时的人们认定这是一项有可能改变世界的发明，也许是对核的恐惧，这项能使美国妇女在本土受到核打击之后继续哺育后代的发明被人们认为具备开创性。但是在今天，人们只会从中看到幽默感。

区块链技术所包含的各个部分，无论是在 2018 年，还是在 2008 年，都算不上最先进的技术。它之所以成功，是因为它是一个整体，是一系列按照既定的规则组成的有机系统。区块链系统中所用到的各个子技术都有一个逐渐完善的过程。唯有这个整体，是一开始出现就有别于任何以往的新事物，是一项真正有可能改变世界的发明。

其实，英文中区块链的原称为"block chain"，如果直译的话，用"块链"表达就行了，之所以变成了"区块链"，不仅是为了中文顺口的原因，译者也充分考虑了其中的深层含义。那就是这里面所包含的"块的哲学"，即整体性的哲学。

一、块的哲学

我们通常将"块"作为与"条"相对应的整体化概念。"块哲学"的到来是一个客观的历史进程，是人类思想与智慧在自然中的升华，块化思维将极大地改变人类的精神境界和思考模式，我们相信，基于块的思考与实践也将呼唤新的哲学框架与思维工具。

开放、共享、连接是块形成的基本机制，在一个个块内，形成开放、共享、连接的块结构，再把一个个块通过开放、共享、连接起来，就会产生更大的块的网状结构。对有关块的思考，更多是从实践角度考虑其现实可行性，这是一个具有理论和现实双重意义的难题。首先，一个相对独立的块的前提是：这个块要具有"块"定义域内清晰的宗旨和功能；其次，"块"的边界可以是富有弹性且动态的，因而是智慧的；最后，"块"之间的联系是基于"块"中心外法线方向，持续与其他"块"连接并催化有价值的流，这些流有些是一次流，有些是二次流，或者经过不同"块"优选整合后的集合。

所谓的"条"，是带着"相互关系""相互关联"入块的，而不仅仅是条能够独立入块。换句话说，入块的条及其人类行为的掌控者需要具有善意沟通的理念，让渡一定的自我主权，遵守块的法律及规则，践行块的道德操守。条在块中既是基本要素，又具有能动性。条在块中可以科学地、智慧地寻找自己的位置和角色，同时也在块中科学地、智慧地响应其他条的需求和约束，遵守块的统一规则。

在现代，我们经常通过数据来重构一些实体。块数据的概念在块的理解中应运而生。块数据在块间的交换既可以是条状态连接，更应当是加工、选择、组合、重生后的块组团交换，在块内外形成高效的、优化的关联与选择性交换，从而真正达到动态地、全面地完成资源关联的识别与价值交换。"块"间的紧密程度既取决于块间数据的流量、质量、黏性，更取决于块内数据的价值、时效、导向。

块数据对人类进步的影响大致如下：人的行为记录——数据保存与处理——块数影响人类行为新的行为记录。在这一过程中，人将在"数据块"的架构下形成人类行为与数据的相互影响及人类自身的进步，毕竟人类可以是数据的，但本质上，数据是人类的，可以预期，不远的未来，我们将有无数基于块数据的"块"，未来社会也可以被定义为"块社会"，拥有"块文化"。

"块社会"将会是块数据并行的虚拟社会，形成人类更加智慧、理性、快乐、和谐的法治社会；"块生活"使百姓借助块数据，在标准化和技术化的基础上选择更加个性化的生活方式；"块文化"是基于块数据应用的新型文化模式，人们对历史是选择性传承而不是割裂，人们对思想是价值型交换而不是灌输，人们对艺术是参与性享受而不是膜拜，人们对学习是社会认可的选择性偏好而不是"恶补"。

二、区块链的"通证"

块的哲学，也就是整体性思维为人类的发明与创造开拓了新的思路和方向，但是站在整体的角度，我们思考的却经常是"条"或者"列"。古人在评价某人有货但效力不大时说，某人的脑子里有一大堆钱，却少了一根钱串子。也就是说，某人有一大堆零散的思想火花，但没有体系化。

区块链技术作为一个整体，区块链社区作为一个共同体，"通证"就是这样一根"串子"。事实上，"通证"是区块链中的一种权益证明，其最初是"代币"的形式。严格来讲，"代币"只是金融科技界和 IT 专家们为了区分区块链以及区块链的支撑技术而抽离出来的概念，并且在今天还将两个意义相差巨大的词语——Cryptocurrency 和 Token 混为一谈。确切地讲，前者可称为"加密数字货币"，源于比特币网络，目的是作为互联网支付的货币；后者被广泛译为"代币"。实际上，在网络通信中，Token 的原意是指"令牌、信令"。在以太网成为局域网的普遍协议之前，IBM 曾经推出过一个局域网协议，叫做令牌环网（Token Ring Network），网络中的每一个节点轮流传递一个令牌，只有拿到令牌的节点才能通信，这个令牌逐渐被称为"通证"，其实就是权益证明。

"通证"可以代表各种权益证明，从身份证到学历文凭，从货币到票据，从钥匙、门票到积分、卡券，从股票到债券，人类社会全部权益证明都可以用"通证"来代表。同时，"通证"并不是区块链的专属，游戏币、用户积分、打折卡、会员卡等都是通证的原型，都是数字权益证明，但由于缺乏密码学的应用，信用建设比较困难，流通也受限制。因此，"通证"并不一定要用在区块链上，而应该说通证是区块链最具特色、最具魅力和威力的应用。

事实上，通证是基于固有和内在的价值（intrinsic value），立足于实体经济，为实体经济服务。首先，从供给侧来看，通证的供给充分市场化，高度自由，任何人、任何组织、任何机构都可以基于自己的资源和服务能力发行权益证明，而且随时可验证、可追溯、可交换，其安全性、可信性、可靠性是前所未有的。其次，通证的价格将由市场确定，是完全自由的市场经济，它将把"有效市场"渗透到微观领域的每一个角落。

通证启发和鼓励人们把各种权益证明，比如门票、积分、合同、证书、点卡、证券、权限、资质等全部拿出来通证化（to-kenization），放到区块链上流转，放到市场上交易，让市场自动发现其价格，同时在现实经济生活中可以消费、可以验证，是可以用的东西，这是紧贴实体经济的。"通证＋区块链"将彻底颠覆传统经济中组织、激励与分配结构，改变了市场经济的生产、流通、分配与消费关系，并最终促使人类资产由资产到证券再到数据，最终权益化。通证经济重新定义了交易和分配问题，同时，通过用 token 进行首次公开发行进行代币融资（ICO）不失为一种创新的融资模式，ICO 将一级市场（发行市场）和二级市场（交易市场）混合，将股份制权益替换为"通证"。

从目前的市场发展来看，更多社会化应用和区块链项目对公有链情有独钟，这也与"通证经济"的魅力是分不开的，

三、区块链的信仰

"块"在早期计算机科学中应用最多的一个概念是块设备，即 I/O 设备中的一类，是将信息存储在固定大小的块中，每个块都有自己的地址，还可以在设备的任意位置读取一定长度的数据。在区块链中，它实际上是分布式存储记录表中的索引值的批次，既表征数据的单元存储方式，也表征数据传输与更新的方式。就是这一小小的应用，却掀起了人们对未来社会发展与变革的大讨论。

对于坚信区块链能改变世界的人来说，"区块链"三个字已经变成了信仰。这种信仰具有牢固的坚定性，其坚定性的来源是对区块链三个来源的信仰，这种信仰具有永恒的普世价值。那么，区块链信仰的三个来源是什么呢？

区块链信仰的三大来源分别是数学和逻辑、低碳价值学说、建立人类命运共同体。

（一）区块链信仰的第一大来源是对数学和逻辑的信仰

何为数学和逻辑信仰？这是一种对确定性的信仰，是一种可验证、可证伪的客观科学信仰，这种信仰和传统的宗教信仰有着本质的区别。换句话说，对区块链数学和逻辑的信仰就是对科学的信仰，它可以被质疑，可以被否定，可以通过实践去检验，可

以被验证，也可以被反复的修改和进化。区块链主要解决信任和安全问题，因此，它针对这个问题提出了技术创新：去中心化，分布式账本，非对称加密和授权技术，共识机制，智能合约，而这些技术的支持都来源于计算机代码的编写和加密技术的运用，归根到底是对数学和逻辑的运用。人类已经发展到了一个新的阶段，那就是通过一种规律性的东西，如数学和逻辑，来安排人类公共生活和部分私生活。由于历史文化、地域、种族和宗教等的不同而被区隔为不同的利益集团，会因为这种安排而变得统一，因为这种安排而逐步消除误解，实现物质和心灵的沟通。这种数学和逻辑的安排为人类不同部分之间、个体和个体之间为共同的目标建立联系提供了现实的可能性，这种安排也是效率最高、最具有可操作性、最便捷的。

（二）区块链信仰的第二大来源是对低碳价值学说的信仰

低碳价值的提出是对温室气体排放过量而造成严重生态危机的生活方式和生活关系的反思，是对传统工业文明中高耗能、高污染、高排放的生产方式和生活方式的根本变革。当我们在寻找和低碳价值相匹配的经济模型时，以区块链为底层技术的通证经济应运而生，它是为低碳价值学说量身打造的经济模型。这个经济模型可以用公式表示为：

通证经济 = 低碳价值学说 + 社群 + 人工智能/大数据/云计算

从公式中可以看到，以区块链为底层技术的通证经济与低碳价值呈正相关关系，通证经济的核心价值来源于低碳价值学说，反过来，通证经济又促进了低碳价值学说的落地和传播，二者融为一体，不可分离。只有区块链技术之上产生的通证经济才能够解决人类数百年所积累的温室效应问题，低碳价值学说也只有孕育于通证经济中才具有价值。

（三）区块链信仰的第三大来源是对于建立人类命运共同体的信仰

人类命运共同体旨在追求本国利益时兼顾他国合理关切，在谋求本国发展中促进各国共同发展。人类只有一个地球，各国共处一个世界，如何建立"人类命运共同体"？建立人类命运共同体必须要有全球化的运作规则和机制，它的实现需要打破地域和国界。但是如何实现建立人类命运共同体呢？它的实现工具和路径是什么呢？区块链技术无疑是重要的手段和媒介。由于区块链技术的去中心化、分布式账本、不可篡改、可溯源、开放、共识等特点，受到了全世界的关注。运用区块链技术可以在极短的时间内，以极低的交易成本将全球 70 多亿人口紧密联合在一起。全球 70 多亿人都可以为一个共同的目标贡献自己的能力，并且获得相应的激励，资源在全球范围内得到最优配置，一个真正的地球村由此建立起来了。逆全球化的浪潮以及强调个别国家优先的论调，将会因区块链技术的广泛运用得到遏制，乃至最后消除。

以上论述就是区块链信仰的三大来源。由于这三大来源的普世性，区块链信仰将被越来越多的人接受、坚持并最终信仰。

四、区块链的价值

区块链被称为是一个穿越时空的技术，事实上，区块链不只是技术，更是一种哲学观，它是经济学＋哲学＋密码学＋数学＋计算机。曾有币圈老人这样总结区块链：区块链的核心是一套自我激励的经济模型，自带造血机制。

区块链的价值首先来自去中心化，其实质是把中心化转变为众心化。这种去中心化将带来公平、高效与透明。在一个中心化的世界里，其中一个节点的价值不大，甚至绝大部分时间里是"默默无闻"的，而在去中心化的区块链世界里，每个节点都有它的意义，每个节点贡献出自己的投票、信任、证明、记录等信息，无数个节点组成不可逆、不可变更的区块链。

区块链的核心价值就是制造信任，这是区块链价值的根本。社会发展以来最大的交易成本是信任，人和人之间的信任。密码学的背后实现了防骗、数据防盗，这是它的价值根源。区块链采用"共识算法"、"加密算法"和智能合约等全新的底层核心技术，可用于构建信任链接器，在信息不确定、不对称的环境下建立满足经济活动赖以运转的"信任"生态体系，在各行各业中，自然都有广阔的应用空间，重塑现有流程，完成行业的脱胎换骨式转变。

区块链价值实现的着力点在于消除摩擦。每个世纪都会出现新的技术，用于消除摩擦的根源，也就是阻碍发展的低效率问题。丝绸之路让东西方文明相会。14 世纪出现的第一份信用证为信托建立了新的基础。19 世纪，电话的发明让我们可以实时进行沟通联系。互联网的出现就像是为消除摩擦的缓慢旅程加装了超级助推器。技术专家、经济学家这样的专业人士纷纷开始期待无摩擦时代的到来。理论上，摩擦能够"以数字化的方式消除"，互联网确实抚平了一些摩擦，比如交易成本。虽然信息不对称状况有所改善，但问题并没有完全得到解决，仍然存在的摩擦会带来严重的结果。区块链运行规则高度透明，所以区块链项目在发布以后就进入了自运转状态，这套去中心化的自运转系统从发布的那一刻起，理论上就不再属于任何人和任何团队，并且无法单方面停止运行和修改。在这个系统中，摩擦将被减少到最小，而系统整体将被构建得更加严密。

综上，区块链的价值具体体现在这几个方面：一是鼓励自组织化生产；二是提升系统效率；三是提升系统整体的稳定性与安全性。

有人将区块链称为 22 世纪的技术，它却出现在了 21 世纪之初，所以还有许多应用有待技术成熟以及人们观念和机制的转变。但这不影响它的价值，它为人类带来了一个可能，即人与人之间的信任的解决，这也是它最根本的价值所在。

第四节　块创新：一种生长在区块链技术之上的新型创新模式

虽然新技术可能会让人望而生畏，但是区块链技术支持多主体协作、去中心化运营、内容难篡改、易溯源等特性，几近完美地解决了网络化的创新生态系统中的创新摩擦问题。在优化创新生态系统方面，区块链技术的优势无可比拟，它借助新的收入模式实现扩展，代表一种新的组织科学，最终实现优化创新生态系统。

块创新是一种基于对区块链技术及其相关技术和技术规范的应用而展开的创新实践，是运用区块链的技术和思想对各类创新生态系统和云创新平台等进行优化，从而建构更符合知识经济和社会发展要求和规律的新型创新共同体，进而推动个人、企业和团体发展的经济成长、社会进步的前沿的创新方法论。对开放式云创新而言，它不是颠覆，而是集成化的再创新。

一、区块链技术有助于消除创新摩擦

从技术的角度来看，区块链是一种面向业务网络、基于区块

链技术的分布式总账，是多方维护的分布式数据库，具有消除创新摩擦（见前述相关章节的内容）的潜力，企业、信任和价值交换将构成全新的经济模式。

　　首先，区块链在消除创新摩擦方面的最大作用是发明、创意等数据形态的知识、信息的确权。在传统的互联网中，无法证明发布的数据是由谁创造的，一般传统的通用数据库有四个操作，即增、删、改、查，区块链这种分布式的总账（也称为一种新型的数据库）相当于把删除和修改（更新）操作去掉了，只是针对增量的数据集合。区块链在通信和消息传递过程中通过非对称加密算法技术防止数据篡改、签名伪造等情况，用链式的结构进行组合，并且环环相扣，杜绝了主体身份冒用和抵赖行为的发生；同时，通过消息广播将交易在全网公开，并集体维护公共账本，完成确认和记账，不仅保证了全网数据的公开透明，同时也通过共识算法和机制构筑了在陌生环境下的机器信任环境，大大降低了信任成本，最终通过链式存储结构和不可逆加密算法顺序处理保证了数据安全。可以说，区块链是互联网时代构筑社会诚信体系的一把利器。同时，区块链还比较完美地解决了"双花问题"（即在数字化货币系统中，由于数据的可复制性，使系统可能存在同一笔数字资产因不当操作被重复使用的情况），帮助数据（知识或创意）的创造者在互联网中确定自己对此数据的所有权和价值，使互联网的"信息传递"转变为区块链网络的"价值传递"，因此，区块链被认为是价值互联网。区块链数据库的出现及其不可篡改的特性，是其从数据互联网向价值互联网转型的基础。

　　其次，这种分布式总账可以成为信任体系的牢固基础，充当分散体系内大规模合作的分布式平台。分布式总账采用共享模式，将业务交易写入紧密连接的链式结构中，形成交易各方可以查看的永久记录。区块链技术将视角从个体所拥有的信息转向资产或交易的整个实体历史记录，有效地保障了过程的透明性和信息对称。这样，就可以在没有中介机构参与的情况下，使曾经闲置的资产得到充分利用。由此，体系内的利润也将发生改变，并可以重新分配。在区块链网络上提供的新服务有助于加速利用并释放那些曾经无法参与有效价值创造的资源，使其能够充分参与包罗万象的新经济。曾经被各类复杂性缚住手脚的企业，能够毫无阻碍地全力发挥自己的特长，可以在业务网络或者企业创新生态系统中实现更低交易成本的纵向或横向联合。它可以帮助小微企业以超快的速度完成交易，也可以使众多企业间组织快速构成强有力的联盟。此外，它还可以作为各类沃客们①自主控制的知识网络的一部分而独立自主地运营。

最后，区块链技术有助于决策，特别是一些公共管理方面的决策。区块链在许可认证方面有两种形式，即"需要许可"和"无须许可"。无须许可可以直接处理，而需要许可的区块链执行基于身份的策略，能够限制数据访问和网络参与，确保参与交易的组织或个人遵守数据保护法规。另外，需要许可的区块链还能够更有效地控制区块链中数据的一致性，支持基于这些数据建立更细致的决策流程。这些特性使区块链在决策支持方面具有其

---

① 沃客（work 2.0）的雏形是 telecommute，也有学者称为 telework（即远程就业）。它始于 1969 年互联网诞生时，工作主体是军事专家；发展于 20 世纪七八十年代，工作主体是发达国家的政府机要人员；普及于九十年代初期的美国，工作主体是有特定雇主的公司高级职员。沃客（work2.0）的平民化是伴随着互联网经济的兴起而开始的，其工作主体是发达国家的家庭主妇，工作方式是电子商务公司（e - marketing）的兼职，被称为 home - based working。

他数据平台或技术所不及的独特之处。

这些堪称巨大的变革使传统的组织管理科学重新进行定义。区块链正在通过技术而深化信任，形成全新的财富创造机制，构筑全新的经济形态。随着各种创新摩擦的消除，区块链技术将以新的形式重塑企业、机构和社会经济运行模式，使企业、生态系统和社会经济从区块链中受益。

二、区块链系统中新的组织科学

现代企业组织理论认为，企业的运营就是建立在摩擦之上，或者说，企业会采用当前结构来利用对自己有利的摩擦，而尽可能减少对自己不利的摩擦。企业的边界就是摩擦的有利与不利的分界。引入区块链，将极大地改变这种边界。无论是在何种经济水平之上，运用区块链技术消除摩擦的效果都是十分惊人的。交易成本和企业摩擦有望显著减少，企业的发展方式也将变得无法想象，全新产业形态的组织有可能大量地浮出水面。诞生于区块链之上的新型企业组织将采用新的运营标准和规则，而这些最新的标准和规则是这些企业自主行动能力的充分体现。随着基于区块链的交易变得越来越丰富，整个业务网络（生态体系）将获得更大的自主性，或者称为自组织性，从而减少对人为管理的需要，并最终演变为自我管理的新型业务网络（生态体系）。这些自主型企业将扩展我们对企业以及企业边界的定义。

一个完整的新型产业生态应该包括所有利益相关方：消费者、生产者、投资者、代理商、原材料供应商、物流、保险、供应链金融等。它不再是一个公司，而是将整个行业都聚合在里面，所以不会有"巨无霸"的出现，因为大家都是合作完成，而不是把所有事情都让"巨无霸"做（当然也不会是让"巨无霸"独享大部分收益)。实际上，由一家公司做所有的事情是做不好的，协同机制可以让大家合作共赢。基于这样的理念，一些实体企业已经开始全面展开合作，致力于将区块链技术在企业生态体系建设中商用化，为体系内成员提供业务流程区块链化的服务，帮助它们推动"互联网＋产业"战略的实施，帮助传统企业构建新型的产业（企业）生态，包括链化方案设计、链化技术支持、投资机构对接、最后上市等，整个实现闭环服务。比如，以区块链为基础的供应链项目"智链通"的发展就是试图将托运人（制造商、电商等）、承运人（物流企业、司机等）和物流服务商（金融、保险、油卡等）等各个环节中的参与方用区块链进行链接，整个运行过程中包括订单管理、车辆调度、电子回单、实时跟踪、信用评价、交易结算、金融保险、增值服务、积分商城等服务，都通过区块链和智能合约技术加以解决。如用"智链盟"系统提供物流区块链联盟与协同运营服务；"智链快线"提供干线运营与车辆智能调度服务；"货主 DAPP"提供货物托运智能下单与实时查询服务；"配安 DAPP"提供落地配送与智能派送服务。这样，"智链通"就构建了一个自循环体系，把自己从一个企业建构为一个完整的产业生态圈。

在由区块链技术支撑的生态系统中，就新型组织发展而言，未来有可能会出现三种业务：第一种是具体的区块链技术应用，如开发一些新的产品，包括各类的"钱包"、交易所等；第二种是类似 IBM、毕博等那样的专业咨询公司；第三种是基金和区块链教育培训业务，即"上链"（"链化"）咨询服务公司，就像以前帮助企业上网的公司那样。这些业务主体或者说组织服务者大致应符合两个条件：一是大多是传统行业企业，因为传统行业现在面临的问题都是深层次的问题，需要产业各方协同合作、数据层面互联互通，才能完成产业结构的调整和优化，而区块链技术正是实现数据共享、构建产业协同生态的基础设施。二是这些实体企业有多年的行业声誉和实体资产做背书，不太容易出现圈钱跑路的情况。相比于需要资金的创业公司，传统行业做区块链对融资需求较少，Token（"通证"）化的目的主要是支撑分布式的协同工作系统的运转，即生态体系的构建。

　　未来企业间的竞争将摆脱成本优势的铁律，企业将能够更轻松、更快速地扩大规模。当然，某个企业也可以选择保持小规模，但依旧具有竞争力。也就是说，"做大"不再是企业发展的主要目标，企业规模大小不是问题，如何管理和组织才是关键。曾经垂直整合的机构可以通过合作伙伴的加入实现横向扩展。区块链体系中的智能合约所引导的商业活动执行起来会更加迅捷、更加高效。企业不仅可以改变常见的本位制度和官僚主义，还可以轻松地选择需要开展的新业务。当然，此时的企业还需要重新考虑产品或服务的定价、盈利能力和所有权等诸多问题。

　　由于具有分布式特性，区块链会与时俱进，保持自我可持续发展能力，在这种技术的支持下，企业组织的构建将重新被定义。区块链创新可能会比互联网发展更快、扩展范围更广，这就需要更快地建立相关标准，探索生态（联盟）在实现区块链可扩展、开放和可操作等方面发挥的作用，构建新的企业组织科学。

三、区块链转变生态系统，借助新的收入模式实现扩展

　　区块链是"互联网＋"的延伸，对产业链较长的实体企业来说，"互联网＋"不仅要解决信息不对等问题，更要解决互相协同的利益问题。

目前，许多大规模的网络协作和生产资源的聚集主要还是通过中介进行相关的交互和贸易契约协定，出于自身利益考虑，中介会导致故意的信息不对称、不透明，造成事实上的条块分割。区块链技术可以将条数据变成块数据，从而克服信息不透明、价值不传递以及信用风险等问题。在区块链网络，每个结点都有一个账本，每个结点都能见证，并通过算法的信任决定了价值的传递和信任的传递。这样就在区块链网络内形成了一个生态系统，彼此之间建立了更牢固的信任关系，通过推动资本流动和价值交换，改变市场运行模式，扩大经济商机。区块链生态系统拥有一个包括技术层面、金融层面、协同机制层面的综合解决方案，可以把各自的应用场景串通起来，协作生产，价值共享，从而推动传统产业彻底生态化与互联网化。

供应链是最好的实现区块链跨行业应用的例子。在供应链系统中，由于双方系统不匹配导致的信息无法互通可以通过区块链技术解决。尽管你用的是供应链 1.0 系统，他用的是供应链 2.0 系统，没有办法进行互通，通过区块链，可以传递必要的信息，支持实时查看相应的数据。例如，进口码头在交易过程中及早收到提货单数据，那么，码头就可以更高效地安排并执行收货操作，还可以时时记录离港时间和集装箱重量，同时对货物所有者和货物价值等信息进行加密保护，这有助于避免因文件缺失而导致代价高昂的延迟或损失。

区块链技术可以支持强大、安全的共享物流信息交换，协调大量活动，包括共享仓库闲置空间、优化货运车队调度以及安排集装箱装运。零售商和制造商可以显著提高需求预测和库存补给能力。金融机构拥有供应商可靠性的详细跟踪记录，可以增加急需的信贷，助力贸易行业发展。监管机构可以从原材料开始跟踪货物来源，从而更易于识别假冒商品以及追溯受污染材料的源头，像区块链支持提货单这样的基础环节所产生的价值会产生连锁效应，其影响会从入境港口最终扩展至多个行业。区块链真正的转变能力和网络效应不仅体现在加入区块链网络的用户数量方面，还涉及各个行业和各种活动。

区块链技术可以帮助企业快速获利并实现扩展。随着区块链技术逐渐颠覆传统业务模式，更多的业界人士开始探索基于区块链技术的新服务和应用，包括如何补充和扩展现有盈利模式，考虑如何利用这种全新方式获得利益，考虑哪些业务模式和市场将从基于消费的定价、许可和小额支付中获益，了解区块链技术如何从其他技术（比如大数据分析、物联网和认知计算）中获得更大价值。

由于区块链技术能消除信息摩擦，经济格局也将发生变化。在技术与产业融合方面，区块链主要应用于农产品的溯源，借助区块链不可篡改、共同协作的特性，将农产品从生长、运输、存储、供货、超市、餐桌这一系列流程记录到链上，可供人们查看整个生产和运输过程。

总的来看，区块链技术之所以得到了广泛的应用，一是投资人对区块链技术前景和未来的认可；二是资本的关注也会带动这个行业的发展，会有越来越多的人了解区块链，更多的人参与到区块链的创新和创业过程中。

四、块创新：被区块链激励了的开放式云创新

如果将蜘蛛的一肢切断，那么这只蜘蛛走路就会非常艰难，再切断一肢，行走就会更加艰难（再切断一肢它就死了）；但如果把海星的一个角切断，那么，这个角就会长出一整个海星，把

它的五个角切断，马上就会长出五个完整的海星。基于区块链的创新模式也有这个性能。

以去中心化的开源软件创新共同体为例，社区里的创造者贡献自己的时间与精力打造出一个产品，并把它免费分享到互联网上，供大家学习和使用。虽然这种行为的核心是自愿性，只有开发者认为这个东西足够重要、足够有价值才会开发，但如果要使得这些软件能够在短时间内（注意：这里的条件是短时间）实现大众化（massadoption）应用，没有更强的激励政策是不行的。威客平台的困境已经反复说明了这一道理，而区块链就是提供这种经济奖励的去中心化技术。

基于区块链对激励政策不足等创新摩擦的消除，可以给我们对开放式云创新以及创新生态系统发展中的困扰与障碍提出解决方案——块创新。这种新型的创新模式可以这样来定义，那就是：运用区块链的技术、方法和思想，利用机器信用产生共识机制，解决创新生态系统和云创新平台发展中因摩擦而导致的高成本，构建更强有力的自组织、去中心化的新型块创新共同体，从而提升个人、企业乃至区域社会的创新能力，进而促进社会生产力的解放，促进社会经济的快速发展！

块创新这种新型的创新模式是一种以分布式存储中的"区块"为单位展开的普遍链接和永恒信任的理想发展出的新方案，它开启了从技术上控制信息交互和社会交易的新模式。这种"区块"并不限定在虚拟的互联网社区或企业生态，还包括实体空间以及更广大的区域空间。

与纯线上的业务不同，块创新是线上线下的结合。现实的节点也通常是网上的结点，二者是一种线上与线下的互动和补充。也就是说，线上梳理流程、分布式记账、备份数据，是为了给线下提供一种可信的合作与协作的利益保证。块创新模式的支撑技术——区块链技术的去中心化的优势在于，可以更有效地调配资源，避免发生系统性风险。当然，这需要基于信息中介是一个完善甚至完美的工作平台。去中心化并不意味着去中介化，数字信息生成、存储、流转的部分流程仍然需要物理空间和真实载体，一旦这些载体因人类对技术的认知有缺陷而产生风险，就会伤及人类本身，有些伤害甚至是不可逆转的。

块创新特别强调自组织的方式。事实上，自组织不仅是自然界，也是各种人类社会组织结构的一种有生命力的结构方式。特别是互联网时代，企业快速适应环境变化，与用户的需求相对接，不断进化，使组织变得更加扁平化、柔韧化、自组织化。自组织是以未来的区块链思想为基础，而区块链思想是一种去中心化的自组织思想，自组织在一定程度上代表了区块链自身的发展方向。

由区块链技术构建的去中心化的可信互联网需要为上层的自组织服务，如果脱离具体业务和需求孤立看待技术本身，容易走入歧路。区块链为自组织提供了基础支撑。当系统从孤立走向开放，从孤岛式的 PC 软件服务转变为开放式的平台软件服务模式时，系统即可通过规模化使服务和产品的边际成本降低，能让更多的用户低成本地使用。随着网络的进一步扩展，发展到物联网时代，再到万物互联时代，中心化带来的效率、成本、信任危机等问题将得到技术上的解决。

块创新的目标是系统整体的竞合。技术是有机的整体，我们在看待区块链技术时，不能局限于当下的技术细节和实现机理，而应把视野放到大系统整体中看待，这个大系统把区块链技术纳入其中，作为自身有机的一部分的整体。因此，构建可以自我维持并持续进化的区块链技术必须是开放的系统，开放性的平台才能和外部系统构成一个更大的开放系统，从而承载更多业务，消化吸收客户的需求。"构成这一整体的各个部分不是机械地堆积和拼加在一起，而是按照其内在的机制和规律有机地联结起来。"① "空间"的"架子"搭起来，"火车"造出来了，这不是目的，而是手段。我们真正的目的是让它自动良性"运转"起来，最终培育出新的生产模式、新的创新方式，在促进中国经济转型和保增长的过程中自动发挥引擎作用。

块创新将走向更广大的社会空间。技术最终是为人性服务的，站在人性的角度，区块链技术本身的关键是能够解决人的诉求、组织的诉求、社会的诉求，我们希望能够自组织，能够降低信用的成本甚至去信用，这种基本诉求会推动区块链技术内部诞生新的结构，而新结构的诞生又将推动区块链技术新的发展，从而让我们以更多的前瞻性去把握技术的演进方向。这就仿佛先行者规划出一块地作为"社区"，就会有后来者在此把它建成高楼大厦，入驻者种下一粒创新的"种子"，就会有参与人共同把它养成一株"参天大树"，"大树"撒下的种子再被更多的后来者撷取，如此反复，以致无穷。只有这种自发的行为才能最终发展成为自觉的群体性实践活动。

总之，在开放式云创新模式面对进一步发展的困境之时，一种更有力的创新模式——块创新诞生了，它的特点与作用我们将逐渐展开。

---

① 贾高建. 深刻认识全面深化改革的整体性要求——马克思主义哲学的方法论视角［J］. 马克思主义与现实，2014，(1).

第三章　块创新的主体与体系构造

　　区块链通过分布式记账与密码学的技术手段，打造了一个公开、可信的共享账本，而块创新则将之引入创新平台和创新生态系统的构建之中，有效地实现了知识资产的创造与保护，进而实现在陌生的知识创造者之间互信协作、共创共享。这是非常伟大的一件事情，因为它将消除知识经济时代和互联网条件下知识创造者之间协作的最大摩擦。

　　夸张地说，没有复式记账就没有资本主义。经济学家熊彼特认为，资本主义起源于复式记账法，资本主义实践将货币单位转换成为合理的成本—利润计算工具，复式记账的账本是它高耸的纪念塔。马克斯·韦伯也谈到，当代资本主义存在的先决条件，就是把合理资本会计制度作为一切日常供应需要的大工业企业的标准。那么，当复式记账升级为分布式记账之后呢？

　　资本强力控制时代的中央研究院式创新已经走到了尽头，目前已进入了开放式创新以及云创新时代，人们已经开启了新经济的端倪，那么，升级到块创新时代，是不是意味着生产关系再一次获得进一步的重大改变，以及生产力的又一次巨大突破呢？

　　我们的答案是肯定的。

第一节　典型块创新案例

块创新已经成为我们时代的进行时。为了更好地理解块创新，我们可以从一个典型的项目实践案例——亿书开始。

亿书是一个去中心化的数字出版平台，是块创新的经典案例。亿书利用区块链的加密签名技术和时间维度，实现了版权保护；通过新一代加密货币构建的激励体系鼓励分享与合作；利用侧链（sidechain）① 技术实现第三方开发者无缝集成，开发出各种去中心化的应用程序（DAPPs）②，进而打造出一个立体的生态系统，构建了一站式的出版发行平台。

亿书针对的问题是：在信息碎片化时代，人们面对大量重复、未经筛选的劣质信息，难以区分出其中系统的、有价值的信息。而传统的出版行业效率低下、成本高昂、渠道保守，导致纸媒出版的质量和影响力已大不如前。人们亟需一个新的变革，可以让人们随时随地找到好书、读上好书，可以吸引和鼓励人们随时把自己的知识和经验系统地整理分享出来，形成有价值的知识体系并传播开来。随着互联网特别是移动互联网的发展，网络出版平台已经成为一个重要的选择。网络出版的发展给网络作家等相关参与方带来了可观的收入，与此同时，侵

---

① 为方便数字资产在不同区块链间互相转移，侧链技术应运而生。简单地说，侧链就像是一条条通路，将不同的区块链互相连接在一起，以实现区块链的扩展。

② 去中心化应用程序（DAPPs）是在 P2P 网络上而非在一台独立的计算机中运行的应用程序，或者说，自从 P2P 网络出现以来，DAPPs 就一直存在。其设计目的是以不受任何单一实体控制的方式存在于互联网上，所以，DAPP 是存储和管理任何类型数据的更可靠和安全的系统。

权盗版又制约了网络出版的发展，未经授权的转载等不法行为导致创造者收入减少、平台运营成本增加、版权人作品定价权削弱等，网络作品产业链的各参与方都深受其害。《中国网络文学版权保护白皮书》披露的数据显示，2014 年，仅盗版网络文学付费阅读损失就达 100 多亿元。针对这一现状，各方都在探讨网络作品的版权保护之路。社会急切盼望出现一种更好的版权保护方式，让版权取证的成本最低，让版权保护更简单、更直接。

亿书的团队正是看到了这些社会与行业的痛点和需求，决定引入前沿的区块链技术，打造一个读者、作者、开发者和第三方出版机构共同参与、共享互助的综合平台，围绕版权保护、版权交易和知识分享，将写作/协作、博客、数字出版与分享等理念与侧链的去中心化应用结合起来，构建一个属于用户自组织的、去中心化的数字出版平台。

为此，亿书重点在以下几个方面做出了有突破性的创新：

（1）设计了一个独具特色的区块链共识机制。亿书是基于授权股权证明机制（DPoS）共识算法[①]来展开相关创新的。DPoS[②]由受托人来创建区块。受托人是被社区选举的可信账户，得票数排行前 101 位，其他得票排名未进入前 101 名的受托人账

[①] 不同的区块链种类需要不同的共识算法来确保区块链上最后的区块能够在任何时候都反应出全网的状态。到目前为止，区块链共识机制主要有以下几种：PoW（Proof of Work，工作量证明）、PoS（Proof of Stake，股权证明）、DPoS（Delegated Proof of Stake，授权股权证明）、Paxos、PBFT（实用拜占庭容错算法）、dBFT、DAG（有向无环图）

[②] 授权股权证明机制与董事会投票类似，该机制拥有一个内置的实时股权人投票系统，就像系统随时都在召开一个永不散场的股东大会，所有股东都在这里投票决定公司决策。

号被列为候选人。为了成为正式受托人，用户要去社区拉票，获得足够多用户的信任。用户根据自己持有的 EBC① 数量占总量的百分比来投票。当 101 个区块生成周期完成，受托人排名前 101 名的代表就会重新调整，排名下降的被降级为候选人。每个周期的 101 个区块均由 101 个代表随机生成，每个块的时间为 10 秒，新创建的块被广播到网络上，并被添加到区块链里，在得到 6~10 个确认后，交易则被确认，一个完整的 101 个块的广播周期大概需要 16 分钟。

随着后期的发展，亿书的共识投票机制也有所变化。亿书发现，DPoS 算法虽然长期以来被认为是安全合理、节约成本的共识机制。但是在实际运行中，因为信息不对称，社区用户对受托人的信任不足，导致社区投票的积极性不高，甚至出现为了保护个人利益，宁可不投票的局面发生。另外，对坏节点的处理也存在诸多困难，社区选举不能及时有效地阻止一些破坏节点的产生，给网络造成安全隐患。因此，亿书做了一些改进，特别是创造了"熔断机制"，可以快速阻止坏节点对网络的破坏性，把用户对节点的反馈和评价作为该节点信用的一部分，帮助社区遴选优良节点。另外，亿书还进一步优化算法，采取租赁、出售等方式鼓励第三方用户自建节点，动态调整节点规模；鼓励节点受托人实名认证，主动公开有关信息，接受大家监督，从而获得社区的广泛认可。

（2）去中心化。在应用层面，亿书开发了一个去中心化的

---

① Easy Bonus Card。EBC 卡全称为中国商业企业通用积分卡（简称商联通卡、EBC 消费积分卡、EBC 积分卡、EBC 消费卡、EBC 卡），是集商场、超市购物，在众多优质服务单位享受优惠、打折、积分为一体的消费积分卡。

博客，集成了一个内容管理系统，可以简单地展示用户撰写的博客文章，用户能够方便地改变页面主题，控制文章发布状态，其他用户能够通过用户名直接访问、阅读和评论；用户可以在服务器上安装客户端系统，绑定域名，供全世界用户访问浏览。同时，在本地使用轻客户端进行管理，将本地客户端与远程节点同步，从而实现远程控制，大大减少博客维护难度。同时，亿书还实现了云中心化存储，用户在使用亿书的过程中会产生大量数据，包括各类文本、聚合的各类电子书，及其导出的 PDF 等格式的文档、图片、视频等，还有第三方开发的去中心化的应用数据，这些文件需要安全存储，快速分发。亿书采用星际文件系统作为底层存储方案。当用户浏览其他用户的博客或下载安装第三方 DAPP 时，他的节点在下载的同时会向其他节点扩散。这意味着浏览他的博客的人越多，数据越多地分布于亿书网络。这样做的好处有很多，数据分布于网络中成千上万的节点上，攻击者想要阻止其他人访问是不可能的。用户不必全天候运行自己的节点（虽然这么做有助于网络安全），商户在关闭这个亿书客户端的时候，他的博客或书籍在网络中依然可以访问。类似于比特流（Bit Torrent）①，访问和下载的人越多，速度会越快，用户体验越好。

---

　　①　比特流（Bit Torrent）是一种内容分发协议，由布拉姆·科恩自主开发。它采用高效的软件分发系统和点对点技术共享大体积文件（如一部电影或电视节目），并使每个用户像网络重新分配结点那样提供上传服务。一般的下载服务器为每一个发出下载请求的用户提供下载服务，而 Bit Torrent 的工作方式与之不同。分配器或文件的持有者将文件发送给其中一名用户，再由这名用户转发给其他用户，用户之间相互转发自己所拥有的文件部分，直到每个用户的下载都全部完成。这种方法可以使下载服务器同时处理多个大体积文件的下载请求，而无须占用大量带宽。

（3）自组织化运营。一是形成一个自出版平台，可以帮助用户把自己平时积累写作的文章方便地处理成电子书。用户可以设置封面、插页等信息直观地设置出售的价格，与合作者的利润分成比例等；二是开发了侧链，可为第三方开发者、乐队或出版商等企业用户提供简单快捷的扩展服务，开发设计出适合企业业务流程的个性化的 DAPPs，把音频、视频、动漫等有声数字出版物以及各类电子商务等纳入进来，让亿书这个生态系统的业务范围更加广泛，网络更加安全。

当然，围绕这几个关键性创新，亿书还在一些细节上做了不少工作。如开发社交功能成为亿书协作功能的基础，它类似于社交网站的关注功能；开多重签名等形成钱包，实现电子书籍利益分享；采用通用化的开发平台，使更多的开发者都可以快速参与进来，促使亿书形成良好的生态系统；等等。

亿书的重点在于组织和协同创作者进行创作活动。因此，版权保护是亿书的基本功能，其重心是知识组合与分发。亿书上的作者可以深度合作，自行设置出售的价格，与合作者、转发者甚至编辑进行利润分成等。也就是说，内容创作者可以直接触及用户，每当作者的内容被分享后，他们都能直接获得收益，区块链上发生的每笔支付交易都会经由智能合约来完成，内容的定价权完全掌控在内容创造者手中，不用跟出版商或网文平台等苦苦商讨定价和分账比例。同时，每次转载都是一次授权，都会写入区块链，即便被转载了 N 次，也会忠实记录原创者的贡献，这种公开透明的交易程序把每个环节的贡献都记录下来，并通过区块链进行利益分配，可以让原作者更专注于创作，创造更大的价值。

亿书作为一个新型的数字出版系统，是一个典型的块创新平台，它在书籍的撰写、出版和发行这一知识经济的重点行业中引入了区块链技术，改造了集中化的网络图书的撰写与出版云创新平台模式，构建了一种新型的知识经济创作生态体系，为其他企业、行业探索块创新的实践提供了标杆。通过研究这个典型案例，分析其主体特征，延伸至其他领域，开拓新的实践案例必将对未来知识创作与协同发展产生深远影响。

第二节　块创新主体——通证社区的特征

块创新平台的核心是知识的组合与分发。如亿书的工作重点是聚集形成一个知识创作的作者社区，这个社区就是块创新的主体。那么，这样的块创新主体与以前的合作组织有什么根本性的不同呢？让我们从报纸与搜索引擎的隐喻开始介绍。

20世纪90年代早期，当互联网还处于婴儿期的时候，我们是通过雅虎这样的分类检索网站，打开不同的细分分类，找到自己心仪的网站。这实际上是所有前述知识载体使用方法的延续——图书分类管理学的主要内容。事实上，上述过程是读报纸的再现——通过浏览一个一个分门别类的栏目或版块，去阅读其中的某篇文章。虽然互联网是一种新的媒体，那时的风头浪尖者却还是用传统的老路子。当然，这种商业模式必然是让用户尽可能多地留在你的网站里，在不同的板块间跳来跳去。传统的报纸就是这样运转了几十上百年，而在那些被称为"门户网站"的网站里，各个网页像一张张虚拟的报纸，放在不同的分类目录中。这里还有一个插曲，那就是人们在相当一段时间里，经常评价某个网站如何如何的时候，常常会对那个网站的分类方法和分类标准做出种种非议，感叹不是由学者（图书管理学）而是由一群敲键盘的程序员在规定这些。

及至 1998 年，Google 搜索引擎出现了，其最著名的三大法宝中排第一的就是 PageRank。而这个算法的成功之处不仅在于其强大的效果，更在于它为我们提供了一个全新的思维方式：在海量的互联网资料堆里面，需要一套新的发现内容的方法，互联网需要一套新的内容发现模型——一个基于各个网站内的网面间彼此相互链接关系的搜索引擎，而不是人类制定的分类目录。

同样，当今的区块链也可以被看作一个大的数据堆，一个去中心化的数据堆，这个数据堆里面的数据读写权限是通过密码学的公私钥控制的。如此而已，并不神秘。事实上，区块链最基础的价值和意义正如路由器、服务器、通信网络协议这些东西对早期互联网的意义一样——它们确保了计算机和计算机之间可以顺畅地进行通信，互相交换数据，正如搜索引擎、浏览器在搜索与使用网络数据时，确保我们能够找到想发现的各个网页并在其中访问一样。只不过，区块链在另外一个层面帮助人们自由交流，而这个层面，许多人把它称为价值互联网。

在这个借助区块链和去中心化技术的力量正在慢慢形成的价值网络中，是使用区块链作为底层基础设施，让人的个体逐渐转变为经济交易里的一个代理网络。其中，通证（信令，token）就是区块链内人与人之间的"超链接"。无疑，token 是价值网络里非常关键、重要的一环。有人甚至认为，token 之于区块链用户，就像代码之于计算机——它们都是一种对"行为"进行编程的方法。

一、通证是新时代的"超链接"

区块链的核心就是 token①（信令，这个名称更通信工程化一些），或者称为通证（这个名称更经济学一点），或称为币（这个更吸引人一些）。

就像超链接可以将一张张分散的网页组织起来一样，用区块链发行的比特币已经成功证明，通过简单的 token 概念去组织甚至改变人群的经济行为是可行的。只要把人群都聚集在同一个网络里，制定一些规则，然后让他们彼此为网络付出行动，一个新的组织以及一个新的共同体也就诞生了。正如许多学者评价的那样，发明比特币的那个"中本聪"，他可能只是一个一般的计算机学者，但他绝对是一个高明的人类学者。因为他利用一些并非最先进的计算机技术，组合了一套看似普通的规则，却产生了强大的经济动力——token 所展示的驱动力。

token 利用人性数万年来进化发展的结果——恐惧与信任。因为生存，人们天然存在恐惧。为了防止恐惧，便产生了信任。然而因为信任，我们又形成了新的恐惧，如对得与失的惶恐，对机会的渴望，害怕错过、害怕遗憾的不安，等等。人们通过编程创造了一套 token 的代码，但 token 反过来也在对人类进行编程。以前，通过发出经济措施（如赏金）激励一大群分散在世界各地的用户做出某种行为，只有政府或者某个巨头公司才能做到，

---

① token 是服务端生成的一串字符串，作为客户端进行请求的一个令牌，第一次登录后，服务器生成一个 token 并将此 token 返回给客户端，以后客户端只需带上这个 token 前来请求数据即可，无须再次带上用户名和密码。token 其实说的更通俗点可以叫暗号，在一些数据传输之前，要先核对暗号，不同的暗号被授权不同的数据操作。

而现在，一个十几岁的活力少年，利用家里的一台电脑，就可以通过加密货币（token）取得相同的效果。因为一般而言，很少有人会去判断所谓"激励"到底是一个纸上的苹果，是一张绿油油的新美钞，还是一个可以进行买卖的 token——人们称之为虚拟货币。

价值互联网或者叫 Web 3.0，也有人称为经济网络（economic web），组成的节点不再是 PC，或者服务器，或者其他，而是由"人"组成的。只不过这些人现在是一群因为信任而持有相同种类 token——虚拟货币的人们，他们通过 token 的所有权链接在了一起。于是，一种新的共同体，token 共同体，或者虚拟货币共同体，或者区块链共同体，或者最佳的也是本书所认可的一种称谓——通证共同体，就诞生了①。

二、块创新的主体——区块链通证社区共同体

创新必须有主体，因此，要分析块创新模式，必须首先分析块创新的主体。

云创新的主体是借助于互联网的"超链接"汇聚起来的云创新共同体。而区块链的核心就是通证，或称 token 或币，它把这个新型的或者更准确地讲是升级了的共同体用一种新的方式联接起来。通证在经济学中被解释为加密的、可流通的、数字化的权益证明，通俗地说，就是一张数字凭证。它代表什么权益，完全取决于通证发行方赋予其什么权益。股权、债权、应收账款、积分等权益都可以用通证来表达。通证是价值互联网的载体，而

---

① Maciej Olpinsk. 重新发明 Google：代币就是新时代的"超链接"［EB/OL］. http：//www. sohu. com/a/229730364_ 114778.

通证共同体就是利用各种价值通证链接起来的人们，是块创新的承载主体。

共同体是指人们在共同条件下或因共同的需要与目的结成的集体。作为一个按云创新模式来工作的共同体，它与传统共同体有着质的差别。传统的共同体包括政治共同体、科学共同体、区域共同体等，都是遵从于特定契约、有着共同利益的集体组织。云创新共同体与之相比，最主要的差别在于：①它的组织性不是很强，是一个松散的联合体；②它不是完全有形的共同体，它为特定的任务而组建和存在，类似于介于传统与现代之间的"无形学院"；③它不一定是有着共同利益的共同体，在共同体内部各个体之间可能存在一定的竞争。

块创新通证共同体这种新型的共同体有其区别于其他共同体的不同之处，其核心构成可以描述为三个基本内容的构成，即"区块链技术（blockchain）＋通证经济（token economy）＋社群（community）"。这里提到的通证经济，就是其各种价值用某种特定的通证来表达和流转的经济与利益组合形态。这三个特征构成的一种新型组织可以称作"区块链通证社区共同体"或"通证社区共同体"，后文将之简称为"社区共同体"或者"共同体"。

正如区块链目前主要分为三种类型：公有区块链、联合（行业）区块链、私有区块链。对应地，我们也可以将区块链通证社区共同体分为三类：①公链通证经济体。这一类型的共同体在技术方面主要是做最底层的技术与金融基础设施。公链作为一个公共品，其发展很大程度上取决于创始人的认知。故有人认为：对公链社区而言，如果创始人认识到的是一个账本，那他做出来的就是一个账本；如果他认识到的是一个银行，那么他做出来的就是一个银行；如果他的眼界中是一个经济体，那么他做出来的就是一个经济体。从竞争的角度来看，公链是非常核心的基础设施，而且是不分国界的，谁能把握公链话语权，谁就有希望掌握未来的话语权。②产业通证共同体。即一个产业的消费、流通、生产、设计、采购等各个环节如果都实现了在线化与互联化，自然就会形成一批产业互联网平台；如果核心企业与产业上下游甚至最终消费者都实现了在线化的连接，自然就会带来新型的协作范式，之前称作"产业路由器"。例如，海澜之家是服装行业的产业路由器，7－11 是便利店零售领域的产业路由器，汇通达是农村电商领域的产业路由器，艾佳生活是家装领域的产业路由器，等等。但是这类平台企业与上下游利益相关方并不是一个利益共同体。如何成为利益共同体？基于区块链共享账本，基于通证经济实现利益共享，非常有希望打造出新型的"产业共同体"。③通证社群共同体。现有的许多互联网平台都已经在利用消费者的力量进行生态建设，但消费者并没有参与生态系统增值的分配。社群共同体的关键是让这些消费者也能参与到生态增值的分配。区块链经济是社群经济，关键是要把原来的消费者角色转化为生态共建者，可以承担投资者、推广者、生产者等不同的角色，充分发挥消费者的力量，我们把这种范式叫作"社群共同体"。

对应一般的区块链社区分类，块创新共同体或者块创新社区也可以分为三种基本类型，即区域公共块创新生态体系、企业块创新生态系统、块创新平台共同体。区域公共块创新生态体系主要是指由区域政府组成的基于区域创新生态系统进行区块链化技术应用构建起来的公共创新生态体系，如一些块创新特色强烈的园区或者众创空间，是一种特殊的公链通证共同体；而企业块创新生态系统，主要是指基于某个特定企业的产品或业务，联系相关联的企业建设的基于企业创新生态系统的通证社群共同体，是服务于企业的产品与业务发展的一种新型创新系统；而块创新平台共同体则是云创新平台的一种演化，可以是来源于以开源软件社区为典型的云创新社区，也可以是来源于互联网云计算服务平台，特别是一些越来越生态化的云创新平台。

三、区块链通证社区共同体的特征

块创新的主体是三大类特殊的区块链通证社区，或者称为区块链通证共同体，或者称区块链通证社区共同体等。但不管它来源于哪里，它首先是一种社区化生存状况。之所以这样说，是因为企业被认为是一系列契约的联结，企业代替市场的实质是一套契约体系对另一套契约体系的替代。传统的公司制就是一套契约体系，包括与员工的雇佣合同，与经销商的分销合同，与供货商的采购合同，等等。在公司制框架之下，企业组织的边界是比较清晰的，但是在区块链时代，企业组织的边界实际上是动态的、柔性的，人与人之间可以基于项目、基于智能合约、基于通证进行动态协作，不见得一定要约束在封闭的组织边界之内，这种形态就是社区化。比特币体系就是一个社区型组织，小米手机的成功也与其强大的米粉社区密不可分。

区块链通证社区具有不同于其他社区类型的特点，这些特点具体可以概括为六个基本特征和多个延伸应用特征。

（一）区块链通证社区的基本特征

1. 基于可信账本构造社区数据基础

既然区块链技术的本质就是通过分布式的可信账本提高协作

效率。那么，区块链时代的组织必然要基于这样一个账本进行协作。打造区块链通证社区需要将社区组织者与内部员工、上下游企业、消费者的协作都"上链"，进行数据共享，实现公开、透明的记账与公平合理的价值分配。

2. 通证化是实现社区链接的关键手段

通证是价值互联网的价值媒介，区块链时代的价值表达符号必然要通证化。没有区块链也可以有通证，但是在区块链技术之上的通证具有更强的流动性与可信度。通证的好处显而易见：不可篡改、无限分割、高速流转、智能分账、全程可溯。

3. 价值共享是社区建设的核心理念

区块链时代的分配逻辑是从以货币资本为核心走向以人力资本为核心。货币资本主义仅仅是把资金当成核心的生产要素，完全以货币资本作为价值标准，所以会产生按资分配的模式，导致由少数资本家分享绝大部分剩余价值。到知识经济时代，这显得不合时宜，人力资本扮演的角色越来越重要，货币资本随着总量的增加而相对贬值，因此理应重新调整，使人力资本因素获得更公平的分配。

4. 开放治理是社区管理的特殊方式

区块链时代的组织是一种社区型组织，需要体现多利益相关方的诉求，自然需要让更多利益相关方参与到治理活动当中。另外，通过区块链实现公开、透明的治理，是一个从具备链上治理思维开始，到治理上链，再到链上治理的过程。

5. 去中介化是社区行为的重要特点

人们因为信息不对称、信任不对称，会产生一系列的信息中介、金融中介、产业中介，每多一层中介，都会从生产者创造的财富中分走一部分。互联网打破了信息不对称，区块链打破了信任不对称，将有望重塑传统中介体系。区块链从业者的目标就是要让这些中介成为基础设施。

6. 事实上的社区金融是社区凝聚的着力点

通证社区赋予组织者——实体企业或社区更强的信用创造能力。传统企业和机构拥抱通证社区非常关键的一点，就是要打造自身的自金融能力，降低以往自金融体系建构的成本和条件，并且优化自金融体系的运作方式，从传统的融资模式进化到供应链金融、资产证券化、社群众筹等更为健康的融资模式，从而避免"老鼠仓"等金融欺诈行为的出现。

（二）区块链通证社区应用性的特点

由于据应用领域不一样，区块链通证社区还可能延伸出一些应用性的特点，包含但不完全包含或限于以下几个特点：

1. 块创新领域将出现更有机的群智创新

在群体智能时代，除了人群聚集形成的智能外，在机器人和人之间也能够进行智能层面的交互，机器和机器可以做智能交互，人和机器之间能形成一个集体的有序化的行为。如科大讯飞的人机耦合翻译模式就是由机器提供语音转写和翻译结果给同传参考，辅助同传降低工作强度并提升效率。

2. 供应链领域出现大规模的 C2B

区块链时代的逻辑是 C2B①，当我们解决了信息不对称与信

---

① C2B（customer to business），即消费者到企业，是互联网经济时代新的商业模式。这一模式改变了原有生产者（企业和机构）和消费者的关系。真正的 C2B 应该先有消费者需求产生而后有企业生产，即先有消费者提出需求，后有生产企业按需求组织生产。通常情况为消费者根据自身需求定制产品和价格，或主动参与产品设计、生产和定价，产品、价格等彰显了消费者的个性化需求，生产企业进行定制化生产。

任不对称问题时，生产者就有希望直接从消费者那里拿到资金，拿到资金也就意味着拿到了订单，拿到了订单就可以按需生产。那么，现在还需要承担传统企业管理中讲的资金成本、库存成本、营销成本、管理成本等这些成本吗？不需要了，这些成本反过来都可以变成利润，重新分配给这个链条上的参与者。这就是区块链带来的价值，让产业资源重新配置，极大程度地减少社会资源的浪费。

3. 新型的社会化企业家

区块链社区组织者对应的素质模型与传统商人甚至是企业家的要求都不太一样。作为社群领袖型人物，其掌握的资源和要解决的关键问题都跟传统的要求不同，他既要具备解决社会问题（需求）的使命感，也要具备利益充分共享分配的格局观，还要有通证社区系统的设计能力，其角色可称为"社会企业家"。

四、通证社区的本质与溯源

正如区块链技术是密码学、P2P 等一系列互联网技术的整合与叠加，区块链共同体也不是一种凭空产生的企业组织，我们提出块创新作为云创新的 2.0 版本，其实质就是将块创新社区作为一种特殊的、演进化后的创新共同体来看待。

对区块链共同体的实质与运作状况，可以在现有的社会经济组织或者历史上曾经存在的社会经济组织中发现端倪。

（1）合作经济。合作经济是劳动者自愿入股联合，实行民主管理，获得服务和利益的一种成员个人所有与成员共同所有相结合的经济形式，其基本特点是自愿、民主、互利。合作社则是这种合作经济关系的典型组织形式。

（2）社会自治组织。所谓社会自治组织，是指一定范围内的自治体全体成员在自由、平等的基础上依法对自治体公共事务实行自我管理的不具有强制性的组织形态。

社会自治组织大致可分为三类：一是政治意义上的社会自治组织，如我国的村民委员会、街道居委会及其他政治性社团；二是经济意义上的社会自治组织，如各种经济协会、中介组织等；三是不属于上述两类的社会自治组织，它们是在自愿、有共同理想或愿望、而且没有政治意向与经济追求的基础上建立的组织，比如，志愿者团体、慈善组织、社区组织、民间互助组织等。

一个饶有兴趣的问题是：人类历史上最早的经济组织其实可以视为共同体的雏形，为什么这种组织方式后来衰落了呢？比如，生活在一个村子或部落中人，他们之间的经济活动是以合作为主的，分工合作依赖"生于斯、长于斯"的自然信任，充分反映了自由精神和平等意识。这种自然合作组织之所以为公司所取代，主要是因为在当时的技术条件下难以解决陌生人的信任问题，因而合作组织的规模受限，无法抵御公司规模经济带来的高效率和低成本的冲击。

在以区块链为代表的互联网技术蓬勃发展的今天，机器信任解决了陌生人信任难题，信息沟通可以无远弗届，人们可以在保持合作自由与灵活性的同时进行大规模协作。有赖于强大的互联网基础设施和共识机制的相关技术，这种大规模的陌生人协作具有高效率、低成本的双重优势。在新的技术条件下，我们完全可以在回归"自由精神和平等意识"初心的同时实现组织创新，而这样的组织创新，将对未来的知识经济主要组织形式产生重大的影响。

第三节　企业块创新生态系统

区块链技术正在以超过任何人预期的速度发展。如果认为区块链对你所在行业产生影响是很多年之后的事情，这是非常危险的。企业块创新生态系统作为一种重要的区块链创新社区共同体，有可能是未来应用最广泛的一种共同体形成。它将来自于现有的企业开放式创新生态系统。

一、企业创新生态系统及其块化特征

随着现代工业产品互补性、功能多样性及兼容互通性的不断增强，企业必须重视与之兼容配套的技术开发活动，将关联技术纳入同一技术创新体系，通过协作，整合相关技术，致力于向顾客提供一整套技术解决方案。这种面向客户需求，以技术标准为纽带，基于配套技术由企业在全球范围内形成的共存共生、共同进化的创新体系，具有类似自然系统的一般生态关系特征，被称为企业"创新生态系统"。在企业创新生态系统中，企业技术创新的最终成功往往依赖于他人，依赖于众多与之兼容配套的研发活动。这种各企业共存共生、共同进化的创新生态系统，推动企业之间的竞争由"单个企业之争"演变成为"供应链之争"，进而升级为各个企业赖以生存的"创新生态系统"之争。

企业创新生态系统通常以平台企业为核心，众多中小企业围绕平台企业架构的技术平台开发兼容配套技术，系统所有企业致力于向顾客提供一整套技术解决方案。例如，以微软 Windows 操作系统平台为核心形成的创新生态系统囊括了系统集成、应用软件开发、主机服务、独立软件销售等领域成千上万的合作伙伴。

互补技术开发商的产品大大拉动了平台产品需求，兼容配套的应用程序需求量越大，微软 Windows 操作系统的需求量就越大。[①]高科技产品的这种网络外部性决定了系统的平台企业必须着力于吸引其他企业进行兼容配套，对外实施开放式创新，有些甚至本身就已经构筑了开放式创新的标准模式——云创新系统。

亿书其实就是一个很好的企业化的块创新生态系统的例子，类似的案例也正在大量的出现。例如：语戏 App 是基于亚流行文化社群"语言 Cos"而创建的基于区块链技术的 App，主要解决的是许多作者共同创作的文字 Cosplay 一段情节、故事的知识产权问题。其创作模式是在语戏这个 App 中，创作者共同创建、整理、Cosplay、存放、沉淀、考核某个剧本或故事，最后汇总成为一个令人满意的作品。最后这些作品独家授权给语戏平台，语戏平台再卖给影视文化公司后，将收益按区块链中记录的每个人的贡献分配给各个共同创作者。事实上，从语戏 App 中，我们可以看到，区块链技术在整个创新生态系统中解决的核心问题是：取代了依托于旧生产过程中所需要的人为处理成本，区块链平台基于算法直接统计每个人在每部作品中贡献的内容占全作品的比例，而且平台的不可更改性更能保护共同创作者的利益。这些新的现象都表征着企业生态系统的块化发展特征。

二、区块链有助于消除创新生态系统前行的各类摩擦

在企业开放式创新生态系统中，同时还存在大量的各种各样的摩擦。这些摩擦的存在严重影响了企业系统性创新能力的提

---

① 张运生，邹思明，高科技企业创新生态系统治理机制研究 [J]. 技术创新与制度创新，2010，Vol. 28 Issue（5）：78 - 79.

升，影响了企业的竞争力。面向企业的业务网络基于区块链技术的分布式总账具有许多消除这些摩擦的潜力。

商业领域的第一个"记录系统"就是摆在黏土台面上的纸质总账。几个世纪后，总账不断向复杂化发展，人类开始采用复式记账方法。复式总账推动了现代金融的发展，而且业已实现数字化。但是数字化总账总体提升不大，只能捕获某一时刻的交易情况，反映单一企业所掌握的信息，一旦发生交易，某项资产的记录就会从一本总账转移到其他企业的总账上。而采用区块链技术的分布式总账则从根本上改变了这一现状，它采用共享模式，将业务交易写入紧密连接的链式结构中，形成交易的各方可以查看的永久记录。区块链技术将视角从个体所拥有的信息转向资产或交易的整个实体历史记录，具有以下五个方面的属性：

（1）分布式而且可持续的记账使其持久存在而不依赖于现实中任何真实的单独实体不会随着实体的消失而消失，随着实体的受损而受损。总账会随着每笔交易的进行而更新，在所有交易之间共享，而且接近实时地在参与者之间进行选择性地复制。通过加密技术和/或数据分区技术确保隐私，有选择地向交易参与者授予不同的总账接触范围；交易信息和交易各方的身份都可采用掩盖技术隐藏起来。因为区块链平台并非由任何单一组织所拥有或控制，所以其持久存在并不依赖于任何单独实体。

（2）安全而且持久的记录使参与者无法篡改造假。密码能够鉴定并验证交易，且只允许参与者查看账本中与自己相关的部分。一旦同意条件，参与者就无法篡改交易记录，只能用新的交易来改正错误。

（3）透明而且可审计增强了信用。由于一笔交易的多个参与方能够访问相同的记录，所以他们可以验证交易以及确定身份或所有权，而无须第三方中介机构的参与。每笔交易都有时间戳记，可以接近实时地进行验证。

（4）基于共识，实现可交易。所有相关网络参与者必须一致同意交易有效，这一点可通过共识算法实现。区块链可以建立交易或资产交换所依据的条件。

（5）整体仍然经过统筹，并且灵活多变。由于基于一个或多个条件执行的业务规则和智能合约可以内置于平台之中，因此，区块链业务网络能够不断发展成熟，支持各种端到端的业务流程和各种不同的活动。

可见，以上区块链记账技术所具有的五个方面的属性可以帮助消除目前阻碍企业创新生态系统前行的各类摩擦，这也正是区块链技术的魅力和价值所在。因此，如何将区块链技术应用于企业创新生态系统建设之中，利用通证解决创新摩擦，构建企业块创新生态系统，打造新型的企业创新通证社区共同体，成为我们时代的新课题。

第四节　块化的云创新平台

在前述区块链共同体中，我们将之与许多互联网平台进行比较。其实，受区块链技术理想的影响，许多具有云创新平台性质的互联网平台也在寻求各自的"块化"——"区块链化"发展。而从区块链行业的发展来看，也出现了"下一个时代的公链，可能是'得开发者得天下'"的论调。

区块链云服务平台 BaaS（Blockchain as a Service）可以看作一种块化的云创新平台的通用型，它基本上已成为一个相对成熟的产品。各大公司的产品已先后登场，进入大众视野。

从当前的几种产品看来，BaaS 更多地是一种新型的云服务，一种结合区块链技术的云服务。在这个云服务中，各个 BaaS 节点的用途主要是：快速建立自己所需的开发环境，提供基于区块链的搜索查询、交易提交、数据分析等一系列操作服务，这些服务既可以是中心化的，也可以是非中心化的，用来帮助开发者更快地验证自己的概念和模型。BaaS 节点的服务性体现为：工具性更强，便于创建、部署、运行和监控区块链。

BaaS 产品的走热，一方面来自云服务厂商的创新，另一方面则源于区块链行业的迅速崛起。区块链企业服务市场和区块链云服务平台作为多个行业的基础设施建设，其未来的想象空间足够大。当今的云创新平台基本都处于摸索阶段：从最初的区块链开发者平台（主要用户为区块链开发者，用户使用 BaaS 辅助开发，能够进行智能合约的调试以及业务应用的逻辑验证），走向企业级区块链云服务平台。企业用户开始使用 BaaS 平台开发和部署大规模企业级应用。当前，随着区块链技术的不断发展，BaaS 已基本进入一个区块链技术的开放社区，其中涵盖了开放的区块链技术生态、线上线下协同的社区活动、百花齐放的区块链技术架构。这就是我们所说的块化的云服务平台。虽然对这种模式存在许多批评，认为它与区块链的去中心化思想相冲突，但是由于效率与资本的因素，在这种平台支持下，BaaS 有可能带动整个区块链行业的发展，为区块链基础设施的建设贡献力量。

目前，区块链技术在云计算和云服务上的应用还不够清晰，企业结合区块链技术的落地产品相对较少，但当下的势头已十分猛烈。更多的应用和探索主要集中在：新能源、金融、游戏、供应链、产品溯源、食品安全、版权保护、物联网等领域。下面我们介绍一下其中两个典型产品。

一、以商品溯源为重心的区块链平台

如今，互联网、云计算、大数据、人工智能、物联网等新技术的发展和应用已经使商业模式和商业行为发生了巨大变化，生态系统之间的比拼已经成为企业竞争 3.0 时代的核心特征。也就是说，企业之间的竞争结果已经不再取决于企业自身的核心竞争力和企业自身价值链的综合竞争力，而是取决于生态系统的实力。

2018 年 4 月 12 日，阿里云发布区块链解决方案，支持天猫奢侈品平台 Luxury Pavilion，最先推出全球基于区块链技术的正品溯源功能。通过区块链技术，天猫会将奢侈品平台上商品的原材料生产过程、流通过程、营销过程信息整合写入区块链，使品牌的每条信息都拥有特有的区块链 ID "身份证"，附上各主体的数字签名和时间戳，供消费者查询和校验。未来消费者只要点击"一键溯源"，便可了解产品产地、入境报关时间等信息。

阿里云遍布全球的云计算中心以及高速可靠的企业级网络为构建国际化的区块链溯源联盟链提供了强大的基础保障，结合阿里云先进的人工智能服务和专业的企业服务方案，进一步打造和拓展奢侈品供应链的应用生态。具体来讲，在这个平台提供的全方位、全生命周期的区块链企业应用解决方案中，阿里力求让开发者和企业实现一站式规划、采购、配置、开发、上线、运维，同时一键自动配置和部署区块链网络。

当然，该平台有一个始终不变的核心切入点——食品药品安全与溯源。当前，商品（包括奢侈品）、食品、药品等假冒伪劣泛滥，原产地信息无法追溯；同时供应链和上下游关系较长，生产和流通信息在传播过程中全部或局部缺失或受到篡改；而且对监管部门而言，造成了无法对流通全过程进行监管、对相关方进行追责的困境。使用区块链可确保商品的原产地信息不可篡改、各方均可进行溯源：商品流通全过程均经过各方确认并记录于链上，形成完整的、可追溯、可监管、可追责的流通记录。

另外，从 2016 年开始，阿里云就推出了一系列区块链解决方案，除溯源防伪之外，还有供应链金融、版权认证、数字资产等，加速企业业务创新。包括：阿里云+法大大，基于区块链技术的邮箱存证产品；阿里云+易诚互动，基于区块链技术的积分商城——云优商城；阿里云容器服务区块链解决方案，企业级的强大功能特性和可靠性保障，在公共云上支撑着数以万计的生产级容器部署，并积累了丰富的企业级容器技术研发和运维的经验，集成了应用容器化的大量最佳实践。

二、区块链生态——创造共享经济新模式

斐讯的区块链应用一直都倍受关注。其中，"白金奖励计划"是从属于斐讯区块链技术生态中的一环。在该计划中，如果用户加入斐讯"白金奖励计划"，便成为"白金奖励计划"区块链中的一个共享节点，通过贡献出闲置的存储空间、带宽、算力来获得"日日赢"积分奖励。"日日赢"可用于兑换斐讯体系内的产品和服务，比如，斐讯智能产品、CDN 加速服务等，这样就使所有参与白金奖励计划的用户都能化身为链上小数据中心，享受挖矿后的奖励，实现人人参与资源、人人参与获益的目标，形成一个可持续发展的一体化生态。

斐讯"白金奖励计划"能够在首挖当日就获得如此佳绩，离不开所追求的新发展模式。通过结合区块链技术与共享经济，构建一体化生态，创造出共享经济的新模式。从大众立场而言，通过共享闲置资源获得挖矿奖励，将资源价值最大化，能带来一定收益；从社会角度而言，硬件存储成本高，而家庭网络带宽利用率小，在此方式下，可以有效缓解社会对资源的供需矛盾。如此，既可解决社会需求问题，又能给予大众参与共享的回报。

斐讯能够得到如此多参与"白金奖励计划"用户的关注，很大程度上在于其发展的可持续性、创新型商业模式，通过区块链与共享经济的有机结合，以供求关系作为切入口，实现资源最大化利用，实现终端设备皆可作为挖矿工具，形成强大的挖矿合力。从某种程度上说，它实现了用户、服务商以及社会三方共赢状态，形成了有力的生态闭环。

当然，我们也看到，虽然存在这样的闭环，但由于整个体系的动力来源仍然主要是斐讯作为一个企业的支持与促进，这个闭环的持续性还有待进一步检验与创新。

总之，BaaS 通过援引"区块链＋场景"的案例，规划了区块链在金融、供应链、公益慈善、公共服务、物联网、共享经济等相关领域的各类应用，提出了包括在共享账本、公证与记录、互助保障、数字资产、防伪溯源、物联网、共享经济等应用场景能够解决的业务痛点。比如，在物联网领域，区块链技术的出现，其点对点的组网模式、分布式的存储、安全的数字认证方式，与物联网的诉求天然契合，不仅填补了物联网在实际应用中的缺陷，也使物联网真正大规模部署、安全运营成为可能。

在过去的 20 余年里，互联网为我们带来了商业模式的变革，极大地提高了组织和个人的效率，让信息实现了高效流动。然而交易的基本机制始终没有改变，区块链带来的透明和效率或将颠覆交易的本质。区块链系统的去中心化使整个网络的自证明功能成为现实，人们可以低成本地实现信息"价值"的传递。我们相信，随着社会的进步，区块链技术的应用将带来新的商业规则和文明形态、扁平化大小机构的商业信息能力和成本差距，将帮助企业重塑形态，改进社会结构。

第四章　块创新的突破与方向

在不同的时代，主要的创新模式不尽相同。相比于传统的封闭式创新，开放的云创新让企业可以更好地整合内外部资源，使创新效率获得大幅度的提升。不过，在企业打开自身边界，利用互联网加强与外部合作，开展开放式创新的同时，也会遭遇很多新的问题。特别是近年来典型的云创新模式——威客平台因受到权利归属、信息不对称、权力主体诉求差异、创新不确定等多样因素影响，出现了一些悖论式的发展困境。"反公地悲剧"、"信息披露悖论"、不完全合同、知识财产流失等一系列难题，在各类开放式创新活动中都有出现。这些悖论和困境在实践中表现为各种形式，从阻碍创新到影响创新过程管理、中间产出及创新成果的分享等诸环节和方面均有表现。①

区块链技术的出现为破解以上难题提供了有力的支撑。由于区块链具有去中心化、不可篡改、分布共享、去信任化、开放、共享等优良特性，区块链技术可以在知识产权的确定、转让、估值和维护等各个领域发挥重要作用，从而帮助人们较好地破解开放式云创新过程中所遭遇的知识产权困境。开放式云创新模式也因此在突围过程中得以升级，从而诞生了新的创新模式——块创

① 黄国群. 开放式创新中知识产权协同管理困境探究［J］. 技术经济与管理研究，2014，10.

新。以知识产权问题的解决为突破口的块创新不仅在组织模式，更在信用共识形成机制上、在价值交换关系上形成了全新的体系，并在实际运用中找到了自已的立足点和动力机制。

但区块链技术毕竟还是在发展之中，块创新模式更是方见端倪，让我们从块创新的核心突破开始，逐步分析其特征，了解其动力之源，把握块创新未来的基本发展方向。

第一节　块创新的突破——
区块链破解云创新难题

不重视知识产权的后果和代价将是灾难性的。可以肯定的是，国家对知识产权保护是越来越重视了，知识产权相关法律法规肯定也会越来越完善，但现状仍然令人无奈。目前，世界范围内对知识产权的保护基本都是采用人工模式：人工发现、人工交涉、人工收集证据、人工评判，导致的结果就是执法难、周期长、效果差、见效慢。

如今，区块链技术作为一种机制来尝试解决各行各业的"信用问题"，在数字版权保护探索的道路上，版权服务商遇见了区块链技术，区块链技术构造的块创新基本上能够完美地解决这些问题。从前述块创新经典案例——亿书的介绍中我们可以看到，区块链作为比特币的底层技术，它被发明出来的最初目的就是为了解决数字货币的信用与信任问题，进而发现区块链是构建信用、解决价值传递非常有效的方案，而它在创新领域最重要的突破就在于变革过程中的知识产权信用管理。区块链技术可以对创新特别是开放式云创新在整个流程中进行有效把控，可以让知识产权注册、授权、追踪、保护、回溯、评估都变得更加容易，还可以为激励知识生产提供有力的工具。

当然，在块创新社区共同体的知识产权过程管理中，借助区块链技术的特性产生了一些重要突破，也存在一些需要发展的新需求。

一、利用区块链的记账技术特性保护知识产权的权益、质量和使用控制是基本手段

区块链技术可以在知识产权的产生、注册和使用中展现出其对知识生产过程的完美控制能力①，从确权、用权、维权三个环节解决产业链冗长繁杂的问题。

（一）将区块链的不可篡改性应用于知识产权注册，形成永久可追溯记录

著作权、专利权以及商标权等知识产权存在性质上的差别。不同于专利权和商标权需要经过审查注册登记后才能受到保护，著作权是自动产生，不必经过任何登记或审查程序。因此，区块链保护著作权的方式比较直接，即权利主体可以在完成作品后，通过区块链自行给作品加盖时间戳，从而达到确认其权利的目的。同时，由于区块链的不可篡改性，可以完整地记录作品创作和转让的全过程，从而保证其有效回溯。

当然，对于专利和商标这两种需经审核登记才能得到保护的知识产权，区块链技术的应用依然存在很大的应用空间。

（二）增强知识产权的可追踪性及引用的可回溯

帮助确认知识产权在当前以及历史的归属和变更，在遭遇产

---

① 陈永伟. 用区块链破解开放式创新中的知识产权难题［J］. 知识产权，2018，3.

权转让和归属纠纷时提供有力的证据，是区块链技术用于对某项知识产权从产生开始的交易状况进行回溯管理可以实现的作用。在知识创造过程中，人们都是"站在巨人的肩膀上"进行知识的创新，每一项知识都是在之前知识的基础上创造的，每一项知识产权理论上都存在对前序知识产权的引用与变革。通过区块链中区块记录可回溯技术，实现知识引用的可回溯，在遭遇知识产权纠纷时可以起到重要的证据作用，在其中可以轻松地了解某项知识产权的来龙去脉。

（三）通过区块链的签名等技术，支持知识产权的便利授权

产权是一组可以分开实施的权利。过去，很难对知识产权中的某项权利分开进行授权，并实现有效的管理。传统的著作权有两种：一是"保留所有权利"，二是"不保留任何权利"。当前，一些组织致力于对传统的著作权进行改进，让创作者可以"保留部分权利"。例如，非营利组织"知识共享"（Creative Commons）就尝试提供多种可供选择的授权形式及条款组合，鼓励创作者与大众分享其创作，给予其他人在其基础上进行再散布的权利，却又能保留其他部分权利。区块链技术将大大便利知识产权的分开授权。借助区块链的智能合约，人们可以方便地记录某项知识产权的授权状况，并通过智能合约的运行对其加以管理。

（四）通过区块链中记录的使用数据，有助于评估知识产权的质量

在开放式云创新过程中，交易是创新整合最主要的行为，而交易的有效开展需要便利而权威的知识产权评估。在传统模式中，这一点是很难做到的，而在开放式云创新中，通过一些规则，如招标时公开最高费用、强制支付、多次增费再发布等方式，借助集中式的竞标，为开放式云创新的实施提供了支持和保

障，也就是说，在一定程度上消除创新中的摩擦。但是，在十余年的实践中，知识产权问题仍然持续存在，且已经成为一个重大的障碍。近年来，借助大数据，有人借鉴搜索引擎中的Pagerank算法来评估专利质量，这种算法根据引用专利的质量对引用状况进行加权，通过"不动点定理"导出对专利质量的评价指标取得了新的效果。但这种方法在评估某项专利时，需要所有该专利的引用和被引用状况，这在一般情况下是很难做到的，这也基本上是所有基于大数据进行数据分析的模型的通病。但在采用了区块链技术后，由于每项专利的引用和被引用状况都是向全网络公开的，因此很容易获得。大数据不再是一些寡头控制的专有资源，而是公共开放的共享品。这些数据资源与一些新的分析计算技术相结合，对专利质量的评估将变得容易。

以上通过区块链技术在开放式云创新模式下知识产权的形成、使用过程中的应用，使块创新相对云创新模式而言在知识产权保护与激励上有了重大进步，为社会经济发展提供了更快发展的可能。

二、利用区块链的数据完备与通证便利形成强有力的正向知识产权激励是关键变革

知识产权真正价值的发挥大多是在开放、共享的所谓"创新扩散"环节。但是，由于"信息披露悖论"和"反公地悲剧"之类一些现实中存在的悖论，在开放式云创新模式中，知识产权从得到确权到共享，虽然因为互联网云计算技术与理念的引入而减少了摩擦，但仍然存在着不小的信任鸿沟，需要一个正向的利益保障机制和激励机制。区块链技术在这方面的尝试和实践无疑

推进了块创新与共享经济社会的早日到来。

（一）块创新破解了开放式云创新环境下知识产权交易过程中的"信息披露问题"

在知识产权交易过程中，威客们设计或开发的成果普遍存在发布过程的"信息披露悖论"问题。在块创新体系中，这个问题找到了基本的解决方向。

首先，通过对各类开放式云创新平台的改造，通过基于区块链的数据收集，能几乎立即在知识产权产生之时就通知相关的知识产权管理机构，从而实现合理把握对知识财产披露的限度，让一起参与创新的合作者在对知识财产的性质有大致了解的情况下不至于泄露关键信息。比较典型的场景是常见的商标使用，可以在其中加入使用频次和时间戳证据，这两种证据都能直接证明商标的首次使用、真正使用以及每次使用。同样地，分布式账本技术还可以用于公布防守性公告，以防止他人获得这些技术的专利，这就解决了"信息披露悖论"问题的关键：对一些不得不分享的关键信息，要保证这些信息不被二次传播。

另外，通过区块链技术中新发展的智能合约技术，可以有效地帮助人们完整、便利地记录知识财产的各项信息，并且利用智能合约的可编程性，自由选择其中哪些信息进行公开、哪些信息予以保密，真正做到收放自如。

（二）块创新避免了开放式云创新过程中常见的"反公地悲剧"问题

前面我们已指出，所谓的"反公地悲剧"（Tragedy of the Anticommons）主要是由于主张权利者较多，而权利者之间互相妨碍彼此对资源的利用，从而导致资源无法被充分利用，甚至出现束之高阁的情况，这无疑会对社会利益造成损失。"反公地悲剧"在开放式云创新中是一种常见的问题，也是妨碍其发展的一个重要问题。正如一些专家指出的那样，"反公地悲剧"问题的症结从根本上讲还是产权界定的困难。产权从理论上讲可以划分为很多不同类型的权利，如使用权、处置权以及关键的收益权等。要对产权的整体价值进行评估是十分困难的，而相对来说，对其中具体的某一类型权利进行界定则容易得多。在开放式云创新过程中，对不少企业而言，要对其掌握的某项知识产权的整体进行交易、让渡会有很多顾虑，而买家在支付时也会担心付出过多，价超所值。如果交易、让渡的权利只是全部权利中的某一项或者某几项，那么问题就小很多，交易成本也低得多。

对某项知识产权的产生、转让利用区块链技术进行详细的记录，并且实现记录不可篡改，全网络公布，就为该知识产权的某项具体权利进行交易奠定了技术性基础。在这个过程中，合作的企业之间借助区块链技术可以对产生的知识产权进行更为清晰的界定和划分，从而对其进行更为便利的交易与转让。这些将有助于企业成功走出"反公地悲剧"的困境，从而让开放式云创新的运行效率获得大幅度跃升。

（三）块创新在解决开放式云创新激励不足问题时有着全新的方式

在各类威客平台中有一个重要的困境，那就是激励不足问题。而区块链可以用时间戳功能帮助确认每个人做出的工作，这些信息不可篡改，并可在全网范围内公开，这有助于确定每个人在合作过程中所做出的贡献。更重要的是，通过块创新的核心价值——通证，我们在掌握了所有知识财产的引用与被引用状况后，借助某些算法计算出该知识财产的质量（如引用量计算

141

等），这些信息将有助于人们相对精确地计算出该知识资产相对
应的市场价值，并且可以方便地使用通证来对知识的创造者给予
必要的、相对精准、相对权威的激励，让他们拥有更强烈的获得
感，从而将更多的精力投入创新之中。

此外，借助区块链以及基于区块链的虚拟货币，可以构建更
便利的回馈机制，对创造、分享有价值的知识和创意的各个中间
参与人都给予必要的激励，体现各个环节的价值。一方面，区块
链可以很容易地追踪出全网络中每个参与者的具体贡献状况，这
些信息的公开与发布，会为贡献者提供更多的无形回报。另一方
面，参与者还可以发行法律允许的一些代币性质的积分，来为项
目进行融资，融得的资金中的一部分可以用作对有贡献的参与人
的激励，等等。方式多样，方法各异。

三、持续地技术发展以继续解决冲突性与复杂性问题是重点任务

区块链技术的持续发展是块创新模式生命力的源泉。在块创
新社区共同体的建设与块创新模式的发展过程中，以技术解决信
用与信任问题，以机器对机器的模式，有可能彻底解决投机与知
识产权流失等问题，而且在一些前沿的块创新社区内部，通过重
复博弈，可以使威客等云创新平台中的许多投机行为，如低水
平、低质量的服务者尽快被淘汰。这些持续的技术发展也正在不
断地完善块创新模式。

在开放式云创新过程中，为加速技术研发与合作，企业经常
需要对某些特定的合作者开放某些重要资料。然而，这些资料又
大多涉及重要的商业秘密，因此，一般企业都希望将这些资料的

开放严格限制在一定范围内，甚至完全杜绝任何未经其许可的复制与传播行为。块创新社区共同体可以采用智能合约及全社区公开等方式，使开放创新能够实现"关系型合同"（relational contract），对知识产权的使用控制极为便利。号称区块链2.0的智能合约实现了机器—机器信任（M2M），是区块链技术在知识产权管理过程中应用最多的技术性工具。在开放式云创新过程中，合作各方需要承认智能合约规则，并通过智能合约的保密协议建立可信的伙伴关系。

我们应该看到，区块链技术在开放式云创新中的应用还处于起步阶段，加之区块链技术本身还处于发展之中，因此，尽管从理论上看，块创新模式基本破解了云创新过程中遭遇的知识产权管理难题，但在现实应用中仍然存在不少需要解决的障碍，主要是以下两点：

第一，块创新社区规则与现行法律之间的冲突会增多。由于块创新社区建设不完全是理想主义的行为，更多时候是一种商业主义的体现。在社区规则的构建过程中，除了技术本身带来的问题，更多的问题来自制定规则的动机。在面对新技术的冲击时，现有的法律法规往往难以跟上，这造成了新技术、新社区与既有法律法规之间难以避免的冲突。

第二，知识产权的评价与价值分析标准和手段有可能更加复杂。区块链的开放性和匿名性也造成了一些使用漏洞，它使更多的人能够通过区块链获得部分知识财产信息，他们有可能将其进行部分修改，然后重新进行再注册，导致产生大量低质量"赝品"知识产权（这些东西甚至本身也具有相当的新价值）。另外，这种行为还会加剧知识产权的抢注问题，"专利丛林""专利流氓"等现象甚至成为一种正常的"商业模式"，等等，这些问题都会更频繁地出现，并成为创新与创新价值实现的新障碍。

尽管存在这样或那样的问题，但是我们不得不承认，开放式云创新是当前企业整合内外部创新资源的重要形式与工具。通过开放式云创新，企业可以更好地利用企业内外部资源，大幅提升创新效率。区块链技术由于其优良的特性，在优化这一模式的过程中，可以在相当程度上帮助企业破解这些难题，从而帮助开放式云创新充分发挥其优势与价值，而这些突破与发展也推动了开放式云创新的升级与发展，形成新的块创新模式。

第二节　块创新的变革

人类历史上重大技术的应用都改变了生产方式，创造了新的经济运行方式。种植技术的应用创造了农业经济模式；机械动力技术的应用创造了工业经济模式；区块链技术的应用将会创新经济运行方式，乃至创新社会运行方式。

2017 年，ICO 的火热让区块链受到前所未有的关注。区块链技术经过酝酿期、萌芽期，已经进入了发展期，一些学者认为它是继大型机、个人电脑、互联网、移动互联网之后计算范式的第五次颠覆式创新。区块链有望像互联网一样重塑人类社会活动形态，并实现从目前的信息互联网向价值互联网的转变。而由区块链技术运用于创新生态系统和开放式创新平台的构建所带来的块创新，更是被人们作为一个关键性的切入点，它继承了开放式云创新的优点，避开了中心化的不利，优化了社区组织的管理工具，弥补了知识产权激励不足等缺陷，提供了自金融的可能，所开展的一些重要变革备受人们的关注。

一、去中心化：形散而实不散的自组织创新生态系统

每一个区块链创新生态体实际上就是一个自组织的创新生态系统，因为聚集了同样的价值观，彼此的需求都可以相互满足，共同维持一个技术系统的良性运转。同时，每个社区、社团都可以建设各自的区块链系统，发行自己的"通证"，进行自己的加密通信，依靠共同的组织规则、价值观和使命，虚拟地存在于区块链中，保持组织规则的有效性和独特性。与其他自组织不同的是，这个自组织的创新生态系统虽然具有去中心化特征，却实现了有效管理，即所谓的"形散而实不散"。

（一）"去中心化"和"机械信任"的可能性

区块链时代充分验证了"去中心化"和"机械信任"的可能性。首先，2008年诞生的比特币对以传统信用条件为基础的金融环境带来了极大挑战。其次，以以太坊为基础的智能合约催生了一系列生产与生活服务的新模式，打破了我们对传统中央服务器的依赖。借助区块链技术、机器共识的发展，以及区块链思想的社会认同，自组织社区正在加速形成，对我们长期以来形成的"体制"和管理带来了巨大冲击和优化。

凯文·凯利在《失控》一书中提出"未来是去中心化的"，并提出了一个全新的社会形态，"一种依赖于大众智慧、云计算与物联网、虚拟现实与敏捷开发共同协作，从而共赢共生进化的社会经济形态"。无论是从电话电报到互联网再到P2P通信，还是从银行、信托、保险到P2P网络借贷或众筹金融再到比特币，我们对于自由信息交换环境和去中心化价值传递的追求始终没有改变，也正是基于这一初衷，最终形成了如今的区块链技术，建立了去中心化的自组织体系和机器信任机制。

1. 去中心化不再是理念而是技术实现

良好的创新生态系统具有自我强化、自我生长的机制，能促进自身不断向前进化发展，进而获得优化与提高，为最终持续接近动态最优目标奠定了坚实基础。块创新与云创新相比，更大的进步是自组织的深化。区块链技术的核心优势是不再需要一个传统的中心化机构，从人与人的自组织发展到人与机器、机器与机器、机器与人之间的自组织，仅通过加密算法、共识机制、时间戳等技术手段，在分布式系统中实现不依赖于某个信用中心（平台）的点对点交易、协调和协作，真正实现了系统的自组织。

2. 机器信任成为信用技术实现的坚实基础

去中心化的前提是机器信任。机器信任是块创新社区共同体与以前任何一种共同体都不一样的地方，它有效地化解了当前社会成本高昂的信任危机。区块链技术不可篡改的特性从根本上改变了中心化的信用创建方式，通过数学原理而非中心化信用机构来低成本地建立信用。我们的出生证、房产证、婚姻证都可以在区块链上公证，变成全球都信任的东西。块创新社区共同体采用基于协商一致的规范和协议，使整个系统中的所有节点都能够在去信任的环境中自由安全地交换数据，使对"人"的信任变成了对机器的信任，任何人为的干预都不起作用。

（二）有效的生态管理机制

生态系统中包含了许多不同诉求的利益相关者，为此，要建立生态治理机制，发挥网络效应，实现开放创新，撬动和利用生态系统中的优势要素，实现多主体价值共创与云创新，强化平台企业的生态优势。

区块链是互联网技术在"去中心化"思想指导下的深化，是在密码学、通信、物联网、云计算和互联网等技术融合下构建出的一种新型信任机制和协作范式。区块链技术在没有中央控制点的分布式对等网络中采用集体协作的模式，构建了一个P2P的自组织网络。通过复杂的校验机制，区块链数据库能够保持完整性、连续性和一致性，有助于创新生态系统在消除信息不对称的基础上改进博弈结果。区块链数据库本身形成了一个完美的生态链，而对区块链技术的应用也都是建立满足生态化管理的需求。

生态化管理是一种以促进系统的生态化自组织程度、取得整体生态优势的有效管理方式。生态优势是新时代竞争优势理论的拓展和深化。生态优势不仅是企业内部自身异质性优势要素的整合，而且是整个生态系统内多物种优势互补、跨界创新和互惠共赢的结果。

在块创新共同体中，区块链技术在强化生态管理方面形成了一些特殊的优势。一是生态管理要求首先要制定适宜的门槛准入制度，处理好生态系统中的竞争合作关系。区块链要求的价值观与信任机制是一种门槛较低而要求性较强的优秀准入机制，是生态管理思想的良好体现。二是生态管理要建立和完善物种之间的价值创造和利益分享机制，通过一系列互利互惠措施形成一个共创、共赢、共享的命运共同体，区块链技术支持下的块创新社区在这一方面与该思想保持高度的一致。三是生态管理要求建立有效的优胜劣汰机制，以促进生态系统物种的更替和演化，保持生态的健康和良性发展，提高生态系统的综合实力。块创新社区在区块链技术的支持下，弱化了企业（组织者）内外部的界线，实现了内部创新与外部创新的协调发展，有利于生态系统的内部调整与演化。

在块创新生态系统的新范式下，分互式"生产消费者"的不断兴起和产学研用社区生态化创新的新模式促使企业的核心竞争优势逐渐转向由利益相关者社区、实践社区、科学社区等塑造的创新生态系统。[①]

（三）共生与共享的发展模式

云创新的应用更关注相关参与人员跨行业、跨地区、跨文化地聚集在一起，而块创新的应用则使机构与其客户、合作伙伴、同行甚至与其竞争对手之间建立更广泛的信任，从而消除了将合作的最后一块壁垒，成员之间形成共生、共享的演化发展模式。

1. 块创新社区内更真实地实现共生

创新生态系统的创新范式基于演化经济理论，提出了系统的嵌入共生式创新特点。企业的创新行为在这样的背景下，其主要关注点就在于资源整合与共生发展。在当今各类创新生态系统建设中，创新主体（关系）非常重视政产学研用的"共生"，强调使用体验、创意设计与用户关系的创新战略，通过"体验＋服务＋产品"实现价值。块创新社区内，由于知识产权和信息披露问题的解决，使技术与经济发展所需的机构与人员相互协同更加容易，各个成员组织间的联系得到了加强与改变，进而成为一个整体，最终把社区内的各个独立个体自身的命运和整个生态系统的发展密切结合起来，并在此基础上实现了最大程度的共生演化。在块创新社区这个优化的生态系统中，企业间可以进行更广泛的跨界融合和协同发展，实现内部创新和外部开放创新的共同作用。生态系统内的多主体在社区内实现了价值共创，通过价值分配机制实现互惠共赢。

---

① 陈华. 创新范式变革与创新生态系统建构——创新驱动战略研究的新视角 [J]. 内蒙古社会科学，2015，5.

2. 块创新社区内更方便地实现共享

一般创新生态系统强调的是区域内所有主体间的"相互适应",不仅关注有形的物质资源交换,更重要的是知识、创意、文化等无形资源的共享,这正是块创新模式的重大突破。在块创新社区内,随着成员的共生演化更加真实有效,创新生态系统将持续转化为由单个参与者到为一系列核心产品提供互补性资产增值且按照统一标准组织的社群,进而最终创造出突破特定区域或体系限制的社会化的创新生态系统。如亿书系统内的所有内容都可以被自由地散布、修改并使用在营利或非营利的用途上,但由于其实现了版本的方便登记和管理,同时有效的机制保证其衍生作品的发布也必须依照同样的版权,从而可以在利用通证这种便利的手段来保证激励的条件下,更方便地以"共享"的方式来分享知识、软件甚至利益,从而发挥知识共享的最大效益。

3. 块创新社区内更有效地实现协作

在区块链应用之前,企业间的协作通常只能通过寻找"大树"或者"上级"机构或通过共同组建一个第三方机构来开展协调和管理的相关工作。在许多情况下,建立统一公信中心或第三方机构的模式成本高昂,而区块链提供了一个以对等的方式把参与方连接起来的方式,通过共识机制和智能合约来表达协作规则,同时记账的确认和记入也是根据算法来进行程序化的管理,能够更有效地协调和管理参与各方,使协作方式更富有弹性,更有效。

二、价值互联网：构建信任成本趋零的新的社会发展环境

互联网作为一种物理的信息通信网络，它的最大功劳在于消除了距离感。作为一种信息网络，在物理互联网的各个结点服务器中储存着大量的信息。波普尔著名的关于知识独立性的思想实验①在互联网时代自由软件创新体的发展史中有一个侧面的验证。本文作者之一也与其合作者早在 2003 年共同提出了一种机器与知识互动的可能性的设想。② 正是这些存放在互联网中的各种信息作为一种独立的存在，成了创新共同体最宝贵的财富。可以想见，即使那些卓越人物们因为各种原因而离开这个共同体，共同体的损失也不是致命的，因为他们为共同体留下了这些财富，这些财富将不断地影响和培育卓越人才和组织。

但是，在此之前，这些信息只是有限范围地传输或储存，没有发挥出其最大的效能和价值。由于不能确权和维权，因此不能传递价值。区块链因为分布式存储的技术方案和机器信任的机制，使互联网开始具有自动确权和保存价值以及广泛分享价值的能力，由此而构造的区块链互联网开始为我们构建新的社会技术发展环境，互联网自身也从信息互联网向价值互联网转变。

区块链作为这种价值互联网的内核，除了能够对每一个互联

---

① Karl Popper. Objective Knowledge——An Evolutionary Approach, Oxford University Press, 1983, pp. 107~108

② 王克迪，傅小兰，黄斌. 关于知识—机器互动机制的可能性的探讨 [J]. 自然辩证法研究，2003，6.

网中代表价值的信息和字节进行产权确认、计量和存储，解决信任和安全问题，使这些在传统互联网中只是作为一种计算字符存在的信息与字节承载了价值外，更重要的是，在区块链上构建的机器信任、价值传递和智能合约，使得在块创新社区共同体中产生这些价值都有着接近于零的信任成本，构造和交易这些资产的边际成本趋近于零，并且这种价值传递属性还自然地解决了支付和转移问题，有利于实现未来的全球性自如支付。

区块链 2.0 技术跳过了交易和"价值交换中担任金钱和信息仲裁的中介机构"，使人们远离全球化经济，使隐私得到保护，使人们"将掌握的信息兑换成货币"，并且让有能力保证知识产权的所有者得到收益。这些都有利于让使用区块链技术的互联网具有更高的生产率、资源配置和交易效率，对各行各业的生产、交易、融资、流通等各个环节进行颠覆式改造。例如，西班牙最大的银行桑坦德的一份报告显示，到 2020 年左右，如果全世界的银行内部都使用区块链技术的话，大概每年能省下 200 亿美元的成本。而近期由中国人民银行推动的基于区块链的数字票据交易平台已经测试成功，由中国人民银行发行的法定数字货币已经在该平台运行，这意味着中国人民银行将成为全球首个发行数字货币并正式开展应用的中央银行。

如果所有有志于创新的机构都像金融系统那样，能够构建去中心化的块创新生态系统，与世界各地的创新创造人群实时相联，并能即时结算和清算，不仅将极大地提高全球开放式科技创新的效率，并且能够改变全球科技创新的实现格局，构建一个更普遍联系的创新共同体。

三、分互模式：生产与生活高度融合下的块创新区域的社会形态

块创新实践不但在虚拟空间和企业生态系统建设中进行着，在众创空间也在展开。在这些特殊的区域里，因为新理念的指导而产生新的生产与生活方式，形成了新的社会形态。

在块创新的实体社区中有许多创业和就业的机会，而且在这些社区中，网络存在已经成为大部分人的基础生存状态，线下资源分布线上价值共享，逐渐形成了工作—生活高度融合的 O2O 模式——分互模式（distributed mutual cooperation mode）①。

在杭州梦想小镇有一句话："在我们这里工作就是生活，生活就是工作。"② 分互模式即通常所说的分布互助协作模式，是一种强调生产/工作协作的模式，是借助互联网实现的分布互助协作生产/工作模式，是强调线上线下工作流程高度融合重叠进行生产/工作，也强调这种生产/工作—生活时空维度高度融合重叠的生存模式。我们可以看到，这种模式的实质是建立在开放式创新大行其道的社会技术条件下的结果。分互模式对传统的个体工作—生活模式的影响极大，甚至可以说是颠覆性的。

首先，由于生产/工作过程的虚拟化，使生产/工作能够通过组织平台的各项功能模块和"作业流程图操作控制系统"提供

---

① 刘伟. 分互模式：生产—生活方式的高度融合 [N]. 开放导报，2014，4：84－87.

② 徐梦周，王祖强. 创新生态系统视角下特色小镇的培育策略——基于梦想小镇的案例探索 [J]. 中共浙江省委党校学报，2016，5.

的数据处理能力和设备控制能力，便捷地对内外部的工作和生产需求进行反馈。这是构建块创新社区的技术条件基础，以区别于其他类型的将生产生活集中于一个区域的社区（如一些因保密或单纯的便利需要而将生产与生活放在一起的"三线"兵工厂等）的基本要素。其次，分互模式下的分布管理系统将使人们有条件、有能力根据自身工作和生活的实际情况，自主决定接受或拒绝生产/工作任务。生产就如生活，一切全凭兴趣和能力。这是区别于其他类型的生产生活于同一区域的单一企业或工厂（如一些因保密或单纯的便利需要而将生产与生活放在一起的"三线"兵工厂等）的重要要素。最后，物质形态的组织逐渐被虚拟形态的组织所取代，人们的生产/工作和生活模式的转换极为高效，主要表现为O2O虚拟空间和物理空间的转换。这种转换在当今这个生产—生活过度切换的时代具有特殊意义。这种转移在实现上具有很多的可能性，在这种转移模式下的生产/工作—生活协调性更强，人们选择的自由度更高。随着信息技术的不断发展，虚拟空间的系统组织和智能控制能力持续增强，虚拟空间与物理空间的相融度、重叠度以及生产/工作模式的相融度、重叠度极高，使两大空间的切换和两种模式的转换极为方便、快捷，既没有物理空间转移必须的能源消耗，也没有旅途上体力和时间成本的支出。分互模式因此实现了生产/工作—生活的高度融合。[①] 在这个生态系统中，来自世界各国不同地方、不同职业、不同年龄层、不同行业背景的人跨越时空阻隔，依据共同的兴趣形成项目团队，实现跨界合作。在这些社区里，生活本身的状态就是一种生产状态，就是创新创业。"创业

---

① 刘伟. 分互模式：生产—生活方式的高度融合［N］. 开放导报，2014，4.

即生活"表达了生态、生活以及生产高度融合的公共创业文化。具有共同爱好、兴趣以及工作形式的人聚集在社区这个网络环境里，彼此通过任务联合传递思想、创意和技术；而且在云创新模式下，参与者根据自己的兴趣与特长决定要承担的任务及任务量，必要的时候可以使用共享资源。在开放协作的创新项目中，一些用户直接参与设计本身并从中获得利益，供应商或用户间接补充增加该设计的价值。这些工作虽然花费了一小部分成本，但加入了其他人的改善，从而提高了整个设计的价值。其他参与者同时可以获得学习、名誉、快乐、私人利益等与项目相同的回报。

综上所述，块创新所带来的创新模式的变革使我们的工作方式也在发生变化，一批以文化创意为主的职业大军正在形成，我们的职业谱系中又多了创客、威客和博客等新职业人，他们通过网络传播、创造或复制自己或别人的作品，以此为生活、消费与工作的空间，形成网络交际群体。这是现时代社会快节奏、高效率、方便、时髦、流动生活方式的体现。或者你还可以当"矿工"，在网上"挖矿"。如果你还没有找到适合自己的生产与生活方式，那么都可以来这些独特的空间，在这些空间的"生产线"上"产出"的不仅是产品，还有创意、项目和有能力长期承包项目的小微企业主。

第三节　块创新的发展动力

在新技术的冲击下，全球人类命运"荣辱与共"。随着区块链技术的发展，基于"块"共识的人类命运共同体将成为可能。目前，区块链技术的出现和发展似乎正改良着生产关系，我们看到，区块链技术正渗透到我们的日常生活中，最终将像互联网一样，渗透到我们"衣食住行"的各个方面，这是一个长时间的变革，而现在这个变革才刚刚开始。区块链对传统行业的颠覆，块创新对创新模式的突破，未来可能比互联网的影响更大、更深远。要推动这些应用的实现，推动这些创新的完成，就有必要从块创新的发展动力来进行分析，从而为社会和政府促进企业开展区块链创新和运用区块链技术激励创新提供有效的政策和激励支持。

一、追求群体最优发展是块创新的根本动力

未来社会有可能是建构在区块链技术之上的整体生态系统。基于私钥的数字身份，基于智能合约和多重签名的缔约方式及授权方式，通过机器信用使整个社区共同体实现真正的数字化治理，是块创新社区共同体的重要组织形式。这个门槛降低了，全球大量的创新资源和创新活力才能够释放出来，实现群体最优发展。

区块链可以创建更加公平、高效的网络，让信息发布者和使用者可以用更低的成本建立联系，并且记录参与者的信用，解决很多诈骗和不诚信问题。很多收取高额中介费的企业仍然会存在一段时间，但未来他们会在分布式平台面前越来越虚弱和谦卑，这对消费者来说是好事。

未来，我们可以不再是为一个公司，而是为一个平台工作，每个人都可以包含在全球随意的移动和办公，社会保险、医疗保险甚至失业保险都会有全球化的解决方案，都可以包含在全球性的保障系统里面。任何一家公司都可以接受全球的资本和资金，公司上市以后也将在全球证券市场和金融市场进行交易。对投资

者来说，投资也将变得更加容易。以往投资国外房产、股权、债权需要繁琐的程序，当区块链真正地将全球连为一体，未来可以在任何一个地方投资任何一处的资产。无论哪个国家、哪种信仰、哪个种族，目前都已经处在一个命运共同体中。也正因为如此，人类越来越意识到和平共处、平等互助的全球价值观才是人类命运的最终归宿。

中国目前正处于转型升级的重要阶段，需要运用区块链技术去解决现实的痛点问题，这也给了我们施展才能的广阔空间。虽然目前尚有这样那样的困难，但前景还是非常美好的。区块链技术将成为有史以来规模最大的全球性商业和社会基础设施，为人类社会与人工智能、基因工程、太空科技的全面融合与进化做好准备。

二、摆脱垄断，获得发展自由，是块创新的直接动力

当今的互联网存在严重的寡头垄断，突围大企业的控制是建设企业块创新生态系统和块创新平台的直接动力来源。在传统互联网领域，BAT（百度、阿里、腾讯）三巨头占据了国内互联网三个最大的入口，这让大部分互联网创业者难逃宿命：要么被巨头杀死，要么被巨头并购。

在去中心化的区块链兴起之时，一种声音在创投圈流传：区块链让创业者和 BAT 站在了同一起跑线上。似乎站在这个起跑线上，创业者们便有机会打败一个 BAT 量级的巨头。更重要的是，由于块创新所提供的可能，使每个创业者都可能组织起足以抗衡巨头在某个具体细分产品上的创新资源与能力。如果区块链为社会所接受，虚拟货币成为一种事实上的可选择项，无论是大公司还是小公司，都有很多的机会，以一种全新的方式来构造自

己的创新生态系统。

与传统互联网不一样，区块链的开源属性更强。比开放的云创新更激进也更强大的块创新将对创造者产生更强大的吸引力，吸引更多的人贡献自己的力量，同时予以相应的奖励，而这会大大推动人们进行更多的创新。

未来的区块链创新共同体时代将是个人、创业公司和巨头之间保持合作的状态，产业不再是一家独大，在不同的垂直领域、不同的创新生态圈，组织开放生态可吸纳更多的开发者。在这种状态下，不管是什么产品，都可以由创业公司合作完善生态系统，大家共享收益，每家公司也不再需要从"车轮"造起。

当然，是否去中心，要看什么样的方式更适合实体经济。如果去中心难以解决实际问题，那就不是一个合适的应用。区块链最本质的特征是建立有一定共识基础的、点对点的协议/协同网络，区块链项目必须有自己的机制设计和制度演化，更好地解决实际问题，创造更大的价值，从而能被广泛接受。

第五章 块创新的社会价值——
是升华而不是变革

2017下半年以来，区块链成为一个公共话题，一项被称为具有革命性的技术被推到了普通大众的面前。不管你是否加入挖矿或炒币大军，亦或是对这种虚拟代币价值艳羡不已的"吃瓜"群众，或是冷眼旁观的专业人士，人们对这个算不上是新东西的事物寄予了足够的厚望。

显然，金融是区块链技术最早也是应用得相对成熟的领域，这与区块链技术天然就是账本的特性直接相关。基于区块链网络而衍生出来的一种通证、token（信令）或者虚拟币，虽然并无物理资产与之相对应，从发行到流通都是去中心化的运作模式，没有央行和第三方机构参与发行和运作，却因此成为世人追捧的对象。

事实上，区块链在金融领域的应用远非发币那样简单，由于区块链的分布式自治系统降低甚至消除了信用中介的存在，降低了社会信任成本；点对点的交易模式降低了金融信息中介的依赖，信息传递过程更便捷，消息丢失或误传的概率更低；以"智能合约"为主导的区块链2.0将加快金融智能化的进程，实现交易的自动化和智能化；区块链信息难以篡改的特性天然适合审计、征信等存证增信工作，使区块链在保险、供应链等现实金融领域的应用将更加广泛。

然而，区块链技术作为一种平台技术、一种社会技术，其优势和可拓展性使其具备在各个领域和场景下应用的可能性。当这种技术被应用到创新领域时，它作为一种社会技术的先进性和突破性将得到最大程度上的释放。因为，它将不再是为某个技术的创新而应用，而是为技术创新而应用；它将不再是技术层面的事物，而是社会创新层面的事物。

块创新作为云创新的优化与开放创新生态系统的强化，是开放创新时代的一次重大升级。由于区块链对知识产权几乎是完美的支持，使未来的科技创新成果与生产力的提升具备爆发的可想象愿景，这对于像中国这样拥有巨量总人口与研究人口的国家而言，将具有不可估量的社会价值。

第一节　块化的商业创新生态系统

互联网商业由于网络效应更加明显，将使垄断更为严重，这也是电子商务领域出现令人并不乐见的局面的根源。区块链将去掉基于"组织"（特别是那些拥有巨量近于零成本资金的组织）的链接的交易模式，建立基于"人"的链接的交易模式。

一、块化的商业创新生态系统的产生

通常来说，商业生态系统是一个由相互支撑的组织构成的扩展系统，这个系统包括：客户群、供应商群、产业领导者群，投资商、金融商、贸易合作伙伴、标准制定者、工会、政府及具有政府职能的组织，以及其他利益共同体组织。在互联网时代，传统的、更强调企业内在能力的商业范式已经不能适应现在这样的时代了。成功的商业企业创新都是利用了它们的"关键优势"，

通过它们所控制的整个商业生态系统的群体合作来实现，并重获这个看似来自于外实际根植于内的核心竞争力。

在这种新型系统中，整个生态是由核心企业、扩展企业以及相关社会组织及其他成员共同构成，核心企业生产制造对顾客有价值的产品与服务，顾客、供应商、其他生产者、竞争者和其他风险承担者等是商业生态系统的参与者及使用者。[①] 在商业生态系统中，核心企业起领袖作用，它的战略规化制约着整个商业生态系统的发展方向。更重要的是，核心企业是整个系统最大的价值收益者，参与企业与用户收益有限，甚至为负（某知名电商平台上累死的店主和大量买到假货的用户就是典型）。

在协同进化时代，在区块链时代，在块创新时代，决定企业成败的关键将转向核心企业如何与其他企业相互协调，将资源集中起来为消费者创造新价值。因为在区块链世界，假货将是稀有物，创造者与劳动者可以自行组织有效的结合，这就要求核心企业要建立企业间新的组织形式，这种组织形式必须能充分体现企业间资源的相互协调和聚集，更重要的是能够体现企业间利益的合理分配。块化的商业创新生态系统就是这样一种新的企业间的组织形式。

具体来说，块化的商业创新生态系统产生的原因主要有：

第一，消费者需求驱动经济（demand-driven economy）加速新型商业生态系统的形成。信息不对称、交易成本高，这是移动互联时代我们绕不开的难题。目前的商业贸易中，有极大一部分都需要第三方机构作为信用中介来处理支付信息。目前的电子商业生态系统本质上仍然只是中介，用户因为信任平台而在平台

---

① 刘志耘. 企业战略创新生态系统研究［D］. 武汉：武汉理工大学，2009.

上与他人发生交易。但人们已经发现，一些平台的贪婪已经随着垄断进一步加剧，进入了一个令人难以容忍的地步。随着消费投资理论等一些看似过激的新理论的传播，消费者不再满足于被动的局面。

第二，产品与服务超细化分工整合的发展导致单个企业无法独立为消费者提供全套产品，为了满足消费者的需求，企业必须与相关的企业展开更加紧密地合作。也就是说，消费者的需求推动了企业间的联合，并最终走向一个更高水平的合作，即企业创新生态系统。

第三，区块链技术正在适应大规模商业化应用的需求。前期区块链技术存在效率过低、开发人员生产率过低两大公认的问题，加之其并非为专门的商业应用而设计，难以支持大型平台商业生态系统内的大量交易，以及智能合约的运用不符合使用者的体验等，这些都随着技术的不断突破而发生了改变。

二、块化的商业创新生态系统建立的基础

块化的商业创新生态系统作为一种新型的商业企业创新网络，不仅具有一般企业资源网络的特征，同时还具有以下几个重要的技术性特征：

第一，通信技术和区块链技术的发展为块化商业创新生态系统的形成提供了支持条件。通过先进的区块链通证社区，我们可以灵活地建立起各种组织间高效的电子化链接等，将伙伴企业的各个业务环节连接在一起，从而大大改善商务伙伴间的通信方式，使组织间的信息和知识的交换量与交换速度大大提高，同时也节省了大笔费用，为形成商业生态系统提供了有力支持。

第二，传统的商业生态系统是建立在企业生态位分离的基础

之上的，而块化的商业创新生态系统是建立在条块结合的体系内的。所谓生态位，是一个生物单位（包括个体、种群或物种生态位）对资源的利用和对环境适应性的总和。当两个生物利用同一资源或共同占有其他环境变量时，就会出现生态位重叠现象。由此，竞争就出现了，其结果是这两个生物不能占领相同的生态位，也就是说产生生态位分离。商业世界也一样，企业组织越相似，对资源的需求越相似，经营的产品和市场基础越相近，它们之间生态位的重叠程度就越大，竞争就越趋于激烈。为了减少正面冲突，企业必须发展与其他企业不尽相同的生存能力和技巧，找到最能发挥自己作用的位置，实现企业生态位的分离。企业生态位不是静态的概念，只有该企业在此生态位上拥有其竞争对手所不能仿制、替代或超越的资源比较优势时，企业才具有持续的竞争优势①。不同于传统的商业生态系统，块化的生态创新生态系统建立的条块结合的体系化组织。本身就具备分离的特性，同时又具备整合的要求。体系内的企业不需刻意追求生态系统的差异和分离，而更多关注自身能力的增强。

第三，商业生态系统强调系统成员多样性的重要作用，而块化的商业创新生态系统强调的是条块的完整性、互补性以及可连接性。多样性概念来源于生态学，生态系统由无机环境和生物供应者、消费者、分解者组成，各类生物在环境中均扮演着重要角色，通过物种与物种之间、生物与环境之间的摄食依存关系，自然界形成了多条完整的食物链，并构成了复杂的食物网，进行着生态圈内物质流动与能量传输的良性循环，而食物链的断裂将极大地影响系统功能的发挥。和自然生态系统一样，多样性对商业

---

① 李剑玲. 商业生态系统商业模式创新［J］. 学术交流，2016，2.

生态系统也是非常重要的。首先，多样性使企业应对不确定性环境时有个缓冲；其次，多样性是商业生态系统实现自组织的先决条件；最后，多样性有利于商业生态系统价值的创造。而块化的生化系统虽然看重多样性，但更多的是关注条块的完整性、互补性以及可连接性。因为在块创新商业生态系统中，多样性是必然，而完整性体系的通畅对生态系统更重要、更具备必要性。

三、块化的商业创新生态系统的运行机制

块化的商业创新生态系统作为一种社区共同体性质的企业组织与交易网络，具备与其他企业网络相同的特征，即同是由组织和个人组成企业群，它们之间同样也进行着物质、能量和信息的传递，同样受到环境的影响。但商业生态系统是一种按生态系统思想创建的新型的企业网络，它强调企业生态位与条块相结合的思想。

对商业生态系统而言，协同进化是其本质，也是商业生态系统进化的目标。协同进化不是一起进化这么简单，它是指系统成员们在合作与竞争中协同发展，更详细地说，系统成员通过功能耦合形成超循环，共同发展各自的管理能力、技术水平、营销水平等。因此，协同进化可以发生在企业与其上下游企业之间、企业与竞争者之间、企业与服务提供者之间以及企业与顾客之间。

块化的商业创新生态系统对这种协同进化的运行机制要求更高，主要有自组织机制和竞合机制。

（一）自组织机制

块化的商业创新生态系统的自组织机制可以概括为：通过核心企业和核心生态系统的经营，以长期稳定的共同利益为核心，围绕最终顾客需求，以契约关系（包括显性契约关系和隐性契约

关系）为纽带，形成包括最终顾客在内的多方利益共同体的运行
规律。企业生态系统的自组织特性表现为该生态系统是开放的，
和周围环境发生相互作用，并从环境中获得能量①。

　　无论是在企业生态系统建立的过程中，还是块化的商业生态
系统中，核心企业都拥有这样的生态系统的组织核心。一个核心
企业的发展必须围绕顾客需求组织产品生产，通过建立企业与供
应商、投资者、金融机构、政府、媒体、员工及管理人员间的关
系促进企业的生产经营；建立与顾客和中间商的关系而进行产品
销售。在块化的商业生态系统中，这种核心企业的价值与作用虽
然同样突出，但它更强调整体性与协同性，强调成员的利益获取
与系统的基础建设，都是块化商业创新生态系统的关键参量。因
为其中每个企业都在进行着自己的产品创新，都要求具有卓越的
市场竞争力。

　　在块化的商业创新生态系统中，自组织机制的本质更多的是
隐性契约关系作用的结果。这种隐性契约关系主要源于对共同利
益、游戏规则、相互影响关系的默许。

　　（二）竞合机制

　　在经济全球化时代，竞争与合作也不再是简单的排斥关系，
而是一种既相容又排斥的复杂关系。合作的过程本质上是创造价
值，竞争的过程本质上是争取价值。在块化的商业生态系统中，
这两个过程并不矛盾。块化商业创新生态系统的竞争机制主要体
现在供应链管理和信息共享上。

　　由区块链搭建的供应链在其生态系统内部企业间合作的环节
可以形成稳定的供应链，降低库存、检验、交易成本。供应商、

---

① 刘志耘. 企业战略创新生态系统研究［D］. 武汉：武汉理工大学，2009.

制造商、中间商、消费者是供应链中相互制约、相互依赖的环节，其中任何一个环节都是整个再生产链条中创造价值的、必要的、不可或缺的组成部分，供应链上的企业既是竞争者，也是合作者。竞争是为了自身利益最大化，合作是为了整个供应链利益的最大化。如果只有竞争而没有合作，那么整个供应链就会运转不畅或断裂，大家会陷入争夺市场、瓜分利益的"怪圈"中去。企业通过与块化的供应链系统上的企业建立合作关系，结成联盟，可以缩短交货时间，提高货源质量，降低采购成本。

竞合机制主要包括：双方的供货及接收方式，结算的时间及方式，双方生产系统及信息系统的对接方式，新产品开发中的配合方式，合作进行零部件的设计来提高质量、降低组装成本的方式等。

竞合机制是以信息共享为基础的新的竞争理念为支撑的。竞合理念正是一个典型的合作博弈类型，它以"合作"与"培养竞争伙伴"为主题，在长期竞争中与对手相互依存，共同进步，谋求长久的竞争环境和稳定的市场份额。在实行"零和博弈"的对抗性竞争状态下，企业的主要精力在于提防竞争对手的花招及布下的陷阱。与之相反，在基于区块链技术构建的商业生态系统中，彼此分享自己的非核心信息和数据，可以很容易找到互补者（complementors），使自己的产品和服务变得更有价值。而且在合作伙伴内部，分工与协作有利于各企业间优势互补，可以形成更为有效的专业化分工，发挥规模效益，使产品整体成本降低，从而使"生态系统内部"成员企业实现各自的"低成本"和"专业化"的发展。

在块化的商业创新生态系统中，竞合机制本质上是非零和博弈的结果。而这种非零和博弈关系主要源于对优势互补、利益共生、过剩信息共享的游戏规则的认可和遵循。

四、区块链技术在商务领域创新应用案例①

商务链（Business Chain，BNL）被称作智能、透明、开放、诚信的"商务领域泛交易生态平台"的基础公链，是区块链技术、人工智能（AI）技术②及增强现实（AR）技术③在"智能商务传媒"与"智能商务泛交易全体系"等商务领域的创新应用。商务链具有以下特点。

（一）商务链混合共识机制

商务链综合考虑 POW 机制与 DPOS 机制的优缺点，选择 POW + DPOS 混合共识机制，并在混合共识系统中加入人工智能 GAN 算法④体系，对共识进行智能约束和重构升级。商务链混合共识机制中由 POW 机制负责区块挖矿打包，DPOS 机制负责交易、社区重大事项共识投票，通过投票权益机制保证矿工利益和维持矿工活跃度。

（二）商务链的 AI 安全智能合约

商务链通过引入人工智能和安全可信执行机制，并基于仿生智能虚拟机自动判断交易模型的合理性，自动嗅探交易漏洞，形成新一代的 AI 安全智能合约。

---

① 区块网. 商务链（BNL）基于区块链技术的商务领域创新应用［EB/OL］，http：//m. qukuaiwang. com. cn/news/12652. html.

② 人工智能（Artificial Intelligence，AI），是研究、开发用于模拟、延伸和扩展人的智能的理论、方法、技术及应用系统的一门新的技术科学。

③ 增强现实（Augmented Reality，AR），是一种实时地计算摄影机影像的位置及角度并加上相应图像的技术，这种技术的目标是在屏幕上把虚拟世界套在现实世界并进行互动。

④ GAN 是一种通过对抗过程估计生成模型的新框架。

在商务链系统中，安全智能合约是一个包含代码、数据存储以及指定仿生智能参考模型与仿生智能判决规则的链上对象。合约拟定者可以通过语言描述合约条款，明确合约的仿生智能规则与仿生智能参考模型，设定执行条件，以及达到执行条件后执行的操作、参与接口等。在合约拟定者将合约注册到商务链上后，其他用户将通过调用接口参与合约。

AI 安全智能合约是由事件驱动，能够通过商务链仿生智能审查，支持仿生智能托管和裁决，能够以持续状态保持运行在一个复制的、分享的账本（The Replicated Shared Ledger）之上的，并且能够保管账本上资产的程序，能够支持通过商务链指定的接口方式和可信网关获得外部数据。在支持无歧视原则的基础上，合约用户能够选择基于仿生智能模型作为基础保障，在用户许可下自动拒绝不合理交易。如果用户舍弃仿生智能保护，也可以完成交易，但出现的后果需要用户自己承担，这就实现了更加安全可靠、灵活开放的合约交易。

（三）一键生成完备的数字资产体系

绝大部分区块链应用是围绕数字资产展开的，商务用户或个人只要认为自身的商誉足以支撑数字资产的流通，通常更愿意创造自己的资产类型并利用智能合约来控制它的发行和交易逻辑。但在传统的区块链设计中，每一种数字资产都需要自行开发一套基于智能合约的业务流程，例如以太坊平台，这种方式类似于"每个人都重复发明一遍轮子"，这一过程存在极大浪费且低效、容易出错。同时，大量的小型用户没有经济实力和技术水平进行这项工作，这样将大大制约区块链技术落地的速度。"户户有通证，通证易闪兑"将是未来商业领域区块链化的趋势。

商务链协同开发者社区利用仿生智能技术，创建大量适合线下商务场景的数字资产交易模型与业务流程。任何一个用户在创建自己的数字资产时，仅需调用相应的商务链内置各类资产合约接口，即可一键生成完备的数字资产体系。用户可以自行开发对应的数字资产交易逻辑，也可以通过商务链的各种仿生智能模型定制生成，还可以直接继承商务链已经定义的数字资产交易逻辑模型。

（四）面向生态体系的开放接口

为了方便企业业务系统对接，商务链系统提供了独立的 API 网关①，将商务链系统提供的业务功能以 REST API 的形式对外提供，企业客户可以快速接入商务链系统并和企业内部的其他系统整合。商务链系统以区块链技术为核心，实现开放的相互信任的点对点协作模式。现有的商务链平台支持智能合约技术可以满足商务链系统中多方协作合约签订、自动交易分账的自治化运行需求。但是目前的区块链网络性能还无法满足高并发场景需求，商务链系统借助雷电网络②将大量的小额支付搬移到链下处理，兼顾性能和数据可信。

从技术角度可以把商务链划分成三方：用户、业务服务器和区块链网络。从商务链整体的数据处理逻辑的角度可分成网络层——基础层——核心层——应用层等。这些设计为整个生态体系的建设提供了发展的开放接口。

---

① API 网关（API Gateway，APIG）是一个服务器，是系统的唯一入口。

② 以太坊提高交易处理能力的方式有两个，一个是分片技术，另一个是状态通道技术。雷电网络（Raideni Network）是一种状态通道技术的实现。

第二节　块化的文化创意产业

自 2005 年 2 月，在由笔者参与撰写的北京现代服务业科技促进中心发布的专题报告中提出文化创意产业基本内涵与统计内容以来，文化创意产业得到了快速发展，其产生的经济和社会效益极为显著。文化创意产业包括影视、文学、动漫、音乐、视频、游戏、设计等内容行业，涉及内容的生产、复制、流通和传播等各个主要环节。随着文化创意产业的兴起，知识产权成为文化创意产业的核心竞争力。但在互联网文化创意产业生态体系里，盗版侵权现象十分严重，网络著作权官司频发，而且由于原创举证困难，使维权成本过高，盗版给文化创意产业造成的巨大经济损失是有目共睹的，知识产权问题已成为文化创意产业的尖锐痛点。正如相关学者指出的，网络盗版如同溃堤之蚁，虽然暂时还难以撼动整个文化创意产业赖以生存的根基，但是它已经严重地影响和削弱了文化创意产业的发展势头。区块链技术的发展给文化创意产业的痛点带来了新的解决思路。利用区块链技术，将文化创意产业链条中的各环节加以整合，加速流通，可以有效缩短价值创造周期。通过区块链技术对作品进行确权，保证了知识产权等权属的真实、唯一。区块链的技术创新将给文化创意产业带来颠覆性的革命。

一、区块链提供的解决思路和价值

对互联网文化创意产品使用区块链技术，通过时间戳、哈希算法对作品进行确权，证明一段文字、视频、音频等的存在性、真实性和唯一性，是区块链技术提供的更低成本和更有效率的思路。因为一旦在区块链上被确权，作品的后续交易都会被实时记录，文化创意产业的全生命周期可追溯、可追踪，这为知识产权权利证明、司法取证等提供了强大的技术保障和可信度很强的证据。通过记录资产、交易和参与者，这种共享数字分类账本提供了关于知识产权来源和历史流转的信息，使知识产权更容易被追踪和认证。

从行业来看，基于区块链的政策监管、行业自律和民间等多层次的信任共识与激励机制，同时通过安全验证节点、平行传播节点、交易市场节点、消费终端制造等基础设施建设，不断提升文化创意产业的存储与计算能力，有助于文化创意产业全面进入数字化内容生产及传播时代。

知识产权是文化娱乐创意的核心，利用区块链技术，能将文化创意产业的各个环节进行有效整合，缩短价值创造周期，实现知识产权的价值转移，并保证转移过程的可审计、可信度和透明度。从知识产权入手构建区块链通证社区共同体，将使区块链技术在抑制盗版方面有突出的作用，更重要地是，价值可以便利地以通证的形式贯穿文化创意产业的全产业链。基于区块链技术的供应链途径可以不断加强权利持有人与标准组织和安全解决方案提供商等主要行为者之间的合作，在实现可追踪性技术的传播等情况下，实现价值的有效分配。

二、块化的文化创意产业创新实践

事实上，区块链技术在文化创意产业的应用实践已经围绕着文化创意产业的多个领域展开，包括而不限于所谓的"区块链＋内容生产""区块链＋内容流通""区块链＋版权交易""区块链＋产权仲裁"等。

从当前的实际来看,"区块链＋内容生产"是最受关注的领域。在这个领域之中,利用区块链技术对共同创作作品数据进行追踪、确认和审计,能够有效减少共享主体之间的信息不对称问题,建立一个基于区块链的创意产业的生产、交易、投资平台,创造一个人人可以创作、交易、传播、消费、众筹的信息共享和价值交换平台。

因"区块链＋内容流通"和"区块链＋版权交易"具备一定的独立性,也备受关注。在这些领域,主要是基于区块链特性和虚拟市场规则,使消费者能够参与内容创作、生产、传播、众筹和消费的全流程,而不需要依靠第三方平台的信用背书。在交易过程中,利用区块链技术,使音乐、电影、文字作品等内容产业的生产、传播、许可、交易过程公开化和透明化,跨过出版商和发行商,创作者可以直接在区块链平台上发表、推广或交易作品,直接获得报酬,从而形成一个自有的封闭体系。由于内容产业本身就是一种数字形态存在,因此,在这种流通和交易平台上,很容易就版权交易和游戏道具场景交易来进行虚拟币发行、数字资产(类似于 token)交易。

不同于亿书等全链型项目,有一个在版权领域商业化落地比较成熟的区块链产品叫 Primas。该项目致力于将区块链技术应用在数字版权领域,希望从根本上颠覆原有的游戏规则,重新书写媒体传播法则。而小有名气的 3Cfun 平台则号称是首个基于全球公有链量子链开发的去中心化的应用(DAPP),它主要通过记录作者的作品,同时获取用户行为数据,意在建立全球协同创作生态,同时促进知识产权的全球实时交易。

有记录,还得有处理。区块链电子存证平台"仲裁链"项目利用区块链分布式数据存储、加密算法等技术对交易数据共识签名后上链，不仅可以进行一般的文件存储，而且可以通过实时保全的数据智能合约形成证据链，满足证据真实性、合法性、关联性的要求，促进证据及审判的标准化，让"仲裁链"充当"第三方电子数据存证平台"。该项目在司法领域实现了真正落地，于 2018 年 2 月制作了首份区块链裁决书并完成价值验证。

三、文化创意产业的行业区块链监管创新

在文化创意产业的发展过程中，诸多区块链应用项目正在落地，业界管理者也不断努力，尝试通过区块链来实现监管的创新。

文化创意产业涉及内容的生产及传播，本身是社会意识形态的重要组成部分，加之当今社会科技意识形态化的发展，因此一直是政府监管的重点。面对区块链技术有可能广泛应用到文化创意产业当中的新局面，虚拟货币走向实质化，完全有可能在文化创意产业得到率先突破，如何有效监管也许是日后政府面临的重要问题之一。

目前，在实际应用场景和需求中，区块链技术侧重于联盟链领域。联盟链是部分去中心化（或称多中心化）的区块链，适用于多个实体构成的组织或联盟，其共识过程受到一些规则的限制。加之联盟链的各个节点通常由与之对应的实体机构组织，通过授权才能加入或退出。在联盟链中，各机构组织组成利益相关的联盟，共同维护区块链的运转。联盟链的特点有低成本运行和维护、快速交易及良好的扩展性，可以更好地保护隐私。

这些联盟链会形成特定的产业通证共同体，即一个产业的消

费、流通、生产、设计、采购等各个环节如果都实现了在线化与互联化，自然就会形成一批产业互联网平台；如果核心企业与产业上下游甚至最终消费者都实现了在线化的连接，自然就会带来新型的协作范式。因此，在行业监管方面，由于联盟链容易进行控制权限设定，拥有更高的应用可扩展性，目前主要基于对行业协会的监管模式来进行管理。

第三节 块创新助力工业4.0

工业4.0不是一项新技术，也不是新的企业架构，它是我们社会目前创建和开发新技术中数据交易和自动化的趋势。工业4.0不仅是利用物联网（IoT）推进工厂数字化，让它们实现"智能"，而更多地是一种全新的、由紧密集成的算法和软件监控的"信息—物理"系统机制，这种物理系统正以一种新的形式在虚拟网络上实现去中心化决策。

不同于传统的物联网模式是由一个中心化的数据库收集所有已联接设备的信息，区块链采用去中心化的点对点通信模式，高效处理设备间的大量交易信息，这会显著降低安装维护大型数据中心的成本，同时还可以将计算和存储需求分散到组成物联网网络的各个设备中。

在区块链定义的规则下，设备被授权搜索它们自己的软件升级，确认对方的可信度，并且为资源和服务支付费用。机器可以通过区块链技术自动执行数字合约，而不再需要人为的甄别真伪，这使它们可以自我维持、自我服务，成为真正的智能设备。这也就是我们通常所说的M2M信任。在这种全新的模式下，智能设备间自动交易的能力会催生全新的商业模式，未来物联网中的每一个设备都可以充当独立的商业主体,以很低的交易成本与其他设备分享自己的能力和资源,这给未来商业带来了无限的想象空间。

一、区块链技术的制造业助力功能

(一)区块链助力制造业降低成本

由于区块链是一个无法改变的点对点的数据储存系统,它可以确保数据不会因某个节点故障而丢失。所以,当制造商将重要文件通过区块链技术进行传输和保存时,就不用担心中途会丢失。当文档共享时,系统会重新创建一个块,并加到以前的块上,形成易于跟踪的链。每个人都可以看到信息的去向,这将改善供应链的可追溯性。

由于制造业的供应链往往分布在全球各地,且它们发货交易处于不同的时间段,这会造成产品研发、制造和交付过程中每个组件难以被跟踪。通过区块链可以创建更智能、更安全的供应链,因为它提供了实时可见的可靠路径。

透明的实时供应链系统可以使制造商快速检测并解决突发问题,无论是产品错误还是安全漏洞,都可以通过区块链找出问题的原因,从而减少产品召回的可能性,进一步降低产品制造服务的成本。

(二)区块链助力制造业自主性机器维护保养

工业 4.0 时代将大量使用先进的自动化设备、传感器和执行器,这些机器的维护将是一项艰巨的任务,工厂管理者可能需要掌握更先进的技术来满足设备维护的要求。如果是大量的设备,维护起来也更具有挑战性。

有些工厂正在尝试用新的方法来维护设备,例如,基于状态的维护、预测性维护等，利用人工智能技术自动诊断，并在发现问题时提醒员工维护，从而减少昂贵的停机时间。在这个过程中，区块链可以使机器更具有自主性，机器在损坏之前可以自动下单更换零部件，制造商和零件供应商之间通过区块链紧密连接起来。

（三）区块链协助制造业防止数据操纵和篡改

随着数字化和工业物联网的发展，制造业已经成为黑客攻击的第二大目标。在现代制造业中，网络攻击显然已经成为一种常见的威胁。区块链提供了一种创新的方法来提高网络安全，保护组织免受网络攻击。由于区块链采用了全新的方法来存储信息，可以防止数据操纵和篡改，进一步提升了数据的安全性。

区块链技术使人们可以看到文档和流程链，供应链合作伙伴可以在任何阶段检查产品和流程的真实性，而且每一个交易都可以进行审计和跟踪，黑客想要攻击分布式网络，将比传统的集中式网络难得多，因为对分布式网络而言，攻击单个节点是没有意义的，除非全部节点都入侵才能修改数据。每一次数据存储或插入时都会创建一个新的块，当黑客入侵某个区块时，也会创建新的区块，并容易被追踪。

二、案例：区块链创新社区共同体重构制造业供应链组织形式[①]

近年来，随着人们消费需求的变化，制造业的组织模式也开

① 冷杰武，江平宇，等. 区块链技术驱动的产消者自组织产品制造社群构建[J]. 广东工业大学学报，2017，34（5）.

始出现变革。为满足人们多样化的需要，一些新兴的开放式和开源式产品（如 RepRap 开源 3D 打印机）的制造网络以一种完全区别于传统大装备制造商为核心的企业生产组织模式出现。这些新的制造网络往往是由地位对等的生产/消费者（一般为小微企业）自组织形成。以满足个性化需求为目标是制造社群中开放式协同产品开发的实质。在这种群体性决策过程中，产消者按照社群共识来进行供需交换，其方式多以制造服务的方式进行，直到形成面向最终消费者的个性化产品。

在这种新型的制造网络中，由于知识产权、数据保密及信用机制都需要进行重大的调整等原因，中心化的管理平台已不再适用，而区块链技术具有天然的应用优势。

基于区块链技术的制造服务采用自组织方式进行组织协调，其自组织逻辑是这样的："装备被企业以服务节点的形式在一个制造服务区块链网络中注册，它们在服务需求被匹配后，通过为产消者提供服务来获得收入；产消者通过区块链支付虚拟币，虚拟币可以通过交易平台进行市场化交易。区块链技术解决了不同企业间的利益冲突，它提供了一个合约标准，让每个企业都有平等的权益，通过建立动态的社群将传统的串行生产方式转变为并行的自组织模式，从而有效地实现了制造资源整合效率的提升。"[1] 需要特别指出的是，基于区块链技术的制造服务应用的前提条件是一个足以形成共识的制造服务力计算与交易体系。

事实上，整个面向社群的区块链数据中区块层、网络共识层、合约激励层和分布应用层等组成，其中，基于区块链技术的

---

① 冷杰武，江平宇，等. 区块链技术驱动的产消者自组织产品制造社群构建 [J]. 广东工业大学学报，2017，34（5）.

制造服务自组织体系在应用中又被区分为两个逻辑层次：一是数据登记。由于区块链具有可信、可追溯的特点，因此可作为可靠的分布式数据库来记录各种制造服务全生命周期的信息。二是制造服务自组织，区块链技术提供的智能合约实际上就是一种灵活的脚本代码系统，它支持用户在区块链的应用层构建满足不同需求的分布式应用（Decentralized APP，DAPP），以及用来辅助支持小微企业在自组织过程中的信息发布、供需匹配、交易与信用评估等活动。在这种区块链驱动的服务社群自组织中，对于一个参与的小微企业来说，关键问题是建立经济激励的统一协议，以及通过汇聚大规模的小微企业节点参与，从而形成对区块链历史的稳定共识。

根据实际应用场景和需求，这种基于区块链技术的企业自组织制造服务社群又可分为三种应用构型，即：公共服务区块链（Public Service Blockchain）、共同体服务区块链（Consortium Service Blockchain）和私有服务区块链（Private Service Blockchain）。

（1）公共服务区块链。公共服务区块链是完全去中心化的区块链，是作为中心化或者准中心化制造服务平台的替代物，由加密数字货币来维护安全，按照 PoW① 激励机制运行，分布式系统的任何节点均可参与链上制造服务交易共识过程。

（2）制造服务共同体服务区块链。共同体服务区块链适用

---

① 我们都知道区块链是新兴技术，是去中心化的，没有中心记账节点，所以需要对账本达成共识，目前挖矿机制主要有四种，POW、POS、DPOS、POOL，那么，POW（Proof of Work，POW，工作证明）是指获得多少货币取决于挖矿贡献的工作量，而且电脑的性能越好，获得的矿越多。

于多个实体如园区或集团构成的组织或联盟，是部分去中心化或多中心化的区块链，其共识过程受到预定义的一组节点控制，生成区块需要获得预选的共识小微企业节点中一定数量以上节点的确认。

（3）私有服务区块链。私有服务区块链适用于企业内部数据管理等，是完全中心化的区块链，其写入权限由中心机构控制，而读取权限可视需求有选择地对外开放。这种私有服务区块链相比公共服务区块链有许多自身的优点：一是效率高，制造服务只需被有限个受信节点验证就可以；二是规则柔性大，运行私有区块链的企业可以很容易地修改该区块链的规则；三是权限保护，如果读取权限受到限制，这样私有服务区块链还可提供更好的隐私保护。考虑到上述情况，私有服务区块链更适合单个企业内部所用。

通过应用区块链技术来实现社群化制造自组织服务模式，能够将分布式和去中心化资源与需求带给制造服务社群中每个参与的小微企业。去中心化的区块链可以帮助小微企业群开展制造服务，将剩余的制造服务能力进行计量并发布到公共服务区块链。这个过程使制造服务能力在社群范围内共享，在提高了整体利用率的同时也给产消者创造了价值。

目前，这种应用还处于试验的状态，区块链应用与制造服务社群自组织亟需解决的主要问题是现存的各类智能合约及其应用的本质逻辑仍是根据预定义制造服务场景的条件响应规则。未来的智能合约应具备根据制造服务交互和交易上下文的认知和自主决策功能，从而实现自动化合约向真正的智能合约转化。

第四节　块创新之于社会及宏观经济管理

美国的梅兰妮·斯万在《区块链：新经济蓝图及导读》一书中将区块链的应用分为三个阶段，即区块链 1.0、区块链 2.0 和区块链 3.0。区块链 1.0 是指货币范围的应用，主要解决货币和支付系统的去中心化问题；区块链 2.0 可用来注册、确认和转移各种不同类型的资产及合约，如各种金融交易、公共记录、私人记录等，从而更宏观地对整个市场去中心化。区块链 3.0 则进一步超越了经济领域，可用于实现全球范围内日趋自动化的物理资源和人力资产的分配，促进科学、健康、教育等领域的大规模协作。

一、世界各国政府在区块链社会治理中的典型案例

（一）美国政府：劳工身份认证，保障劳工权益

劳工身份认证是美国国务院首个运用区块链技术解决社会问题的项目。美国政府区块链社会治理的参与机构有政府机构（美国国务院）、企业（可口可乐、BitFury、Emercoin 等）、非营利机构区块链信任加速器（Blockchain Trust Accelerator，BTA）。此前，可口可乐公司的全球供应链尤其是在亚太地区存在强迫工人超限劳动的现象。2018 年 3 月，可口可乐和区块链科技公司 Bitfury、Emercoin，并联合美国国务院、BTA，推出用区块链打击强迫劳动的项目。可口可乐公司用区块链建立起工人注册表单，Bitfury、Emercoin 将建立基于区块链的注册管理机构，将劳工合同存储在区块链中，从而打击强制劳动的行为、业主不履行劳动合同的行为以及业主篡改劳动合同的行为。可口可乐公司主要利

用了区块链验证和数字公证功能，让合同上"链"，而不是可轻易修改的纸质或口头承诺合同。虽然区块链不能强迫公司或当权者遵守劳动合同，但它可以创建一个经过验证的链，从而鼓励企业遵守合同。

（二）丹麦政府：做好车辆登记，保障税收

车辆钱包（Vehicle Wallet）是丹麦政府所属的丹麦税务管理局（SKAT）联合丹麦支付服务提供商 Nets 推出的一项区块链社会治理项目。丹麦税务管理局需要对二手车买卖征税。但是，一旦买方不对所有权进行登记，或者任何一个环节出现信息缺失，就会导致对卖方连续征税。丹麦税务管理局（SKAT）于是要求买卖双方必须正式注册车辆钱包（Vehicle Wallet），以便于公平地收取相关税费。该项目创建于 2017 年，逐渐形成了一个车辆的共享历史记录，并使用经过验证的加密服务确保车辆信息的安全性、完整性和有效性。在此基础上，一旦车辆在二手买卖过程中经历测试、维修、贷款、保险变更等阶段，都能够在链上加以记录、检索。

（三）格鲁吉亚：土地登记上链，防止腐败发生

土地登记上链是格鲁吉亚政府为了防止腐败发生而率先运用区块链技术到政务管理中的有益尝试。格鲁吉亚政府区块链社会治理的参与机构有格鲁吉亚国家公共登记处、区块链科技公司 BitFury。

格鲁吉亚此前曾出现过故意、非法和无偿地从合法所有者手中夺取土地的报道。这主要是因为村民没有登记电子地籍图，产权与纸质土地合同有出入所致，使得其私有土地产权无法得到保障。从 2017 年开始，格鲁吉亚通过土地所有权上"链"，达到减少腐败的目的。BitFury 与格鲁吉亚国家公共登记处合作，将近

20 万公顷的土地所有权纳入系统。该系统将防篡改的私有链与公有链相结合，确保土地所有权不被篡改，并提供时间戳和密封数据副本。据报道，如今格鲁吉亚的土地交易所需时间从几天变为平均只需十余分钟。这个项目表明格鲁吉亚政府打击腐败的决心和力度很大，2003 年，格鲁吉亚在透明国际的腐败感知指数中排名 123 名，如今在透明国际的腐败感知指数中排名第 44 位。

二、区块链及块创新之于社会治理

（一）块治理的核心是改变社会征信管理方式

无论是"结绳记事"还是"殷墟甲骨"，亦或"书于竹帛"，数据的记录始终是人类文明探索和发展的核心，无论是书写历史、合同签署、会计记账、系统日志还是个人日记，我们丝毫不怀疑数据记录的重要性，并且习惯于"存证""增信"给我们生活带来的巨大便利，却始终没有找到一个完美的解决方案来记录和存储数据，并划分数据所有权、保管权和应用权等问题。日前被称为史上最严的欧洲《通用数据保护条例》（GDPR）更是将这一问题展现在人类面前。

传统的征信模式不仅面临征信数据不全、平台上传数据积极性低、更新不及时、接入门槛高等问题，还存在数据高度集中，数据所有权、保管权、使用权和服务权利杂乱，在个人隐私保护、经济模式中存在较高风险。除征信中心外，用户数据的所有权几乎全是分散的，它们大多掌握在互联网巨头手中，个人难以控制、授权和使用自己的数据。同时，公司之间各自为政，在一个相对垄断的市场割裂地并存着，形成一个个相互封闭、隔绝的数据孤岛，很难发挥数据共享的价值，更不可能实现征信的客观、全面和准确。同时，传统数据存储包括存证证明等类型的证据都是非常容易被伪造和销毁的，在互联网中可以被肆意修改和复制、删除等。

区块链首先从个人层面确立了数据主权，即数据所有权属于个人，生成自己的信用资产。这也是个人信用生产的基础，是未来的个人资产、资源及保障，同时也有利于降低征信机构的信用生产，征信公司更多成了数据获取、整理和模型分析的技术企业，而不再是数据、经验等资源公司。

其次，受益于密码学的成熟技术和解决方案，所有交易信息和记录将很难被篡改，用户征信数据更加安全，甚至个人征信数据直接可以在区块链上做安全交易，交易数据又会成为个人的信用数据存储在区块链上。所有交易大数据都将成为每个人产权清晰的信用资源，从而加快数据交流、交易、收集和共享。塞拉利昂利用瑞士初创公司阿格洛（Agora）区块链技术举行大选投票，上海知产链（IP Chain）[1] 协助泰国前副总理发起全球首例数字资产重大重组，这都表明区块链在数据、价值流动方面有着巨大前景，并催生出新的业务模型和解决方案。

（二）区块链影响社会决策方式

区块链的本质是一个大规模协作工具，其影响绝不局限于个别地方和个别领域，而是会改变我们所有人的协作方式。著名社会学家凯文·凯利在他的著作《失控》一书中论述了人类社会

---

[1] 知产链（IP Chain）是利用区块链技术构建去中心化的知识产权发布交易平台，真正做到创作者与消费者的直连，实现知产在互联网上的 P2P 交易，同时摒弃靠大量广告营销的发行推广模式，公开透明的分享、评价、打赏等功能，采用消费者分享评价推广模式，让真正的好作品得到最大的认可和回报，让分享者既能消费好的作品，又能在分享评价中得到收益，打造了一个公平、公开、公正的知产分享和消费平台。

及科学技术将如何进化。他把工业社会的进化总结为基于机械逻辑的进化论，把信息社会的进化论总结为基于生物逻辑的进化论。这种基于生物逻辑的进化论概括起来可以用三个词来描述：分布式、去中心、自组织，也可以称为蜂群思维。在他看来，相比传统的中心化组织，一个拥有蜂群思维的群体有着可适性、可进化、弹性、无限性、新颖性等多方面的优势。这个思想在技术上的应用使我们在通信网络等技术领域取得了巨大的进步，借助区块链技术，我们可以在真实的社会组织中实践这些思想。去中心化自治组织（Decentralized Autonomous Organization，DAO）、去中心化自治公司（Decentralized Autonomous Corporation，DAC）和去中心化自治社会（Decentralized Autonomous Society，DAS）在很大程度上可以解决相当多的实际问题。

现阶段，我们在做决策尤其是涉及公共决策时，投票仍然是解决问题的常见方法之一，它为每个人提供了平等的机会。尽管世界上各个地方都会使用电子投票系统，但是仍旧需要花费几个小时来进行人工验证。即使在那些有长期投票传统的国家，舞弊的可能性依然存在。如果把整个投票过程都记录在区块链的分布式账本上，其不可篡改、真实可信的特性将会使投票结果更具信服力。

区块链社会决策是指通过区块链技术，以去中心化、更便捷、更有效和更个性化的方式来实现政府和社会管理机构所提供的传统服务，以及更多全新的社会管理和服务。政府和社会机构能够利用区块链技术的优势，公开保存社会档案，方便查询和进一步的社会管理。

"区块链上的政府"有可能更加真实地代表民意，更敏锐地理解民意，更灵巧、敏捷地做出决策，优化社会结构，改善社会治理，促进社会进步。DAS 的出现向政府提出了如何优化社会管理结构的问题。人类权利和义务的架构将如何变化，形成怎样的治理结构，这些都十分令人憧憬。

三、块创新引发的社会管理新内容

尽管块创新的方案很美，但是每一项技术在应用的同时也会带来技术应用方面的问题。对块创新来说，主要还在于这个新技术应用引发的合法性与新型腐败问题。

（一）新型社会团体——通证社区内部治理的合法性

区块链发展的终极理想并非社会支付、资产交易这样简单，而是逐渐开启了其超越金融的应用，朝着去中心化公司（DAC），甚至在政府管理、医疗健康、科教文卫等领域实现一种去中心化自治社会（DAS）。

每一个区块链系统实质上就是一个自组织机构，聚集了拥有同样价值观的个体，彼此的需求可以相互满足，共同维持一个技术系统的良性运转。同时，每个社区、社团都可以建设各自的区块链系统，发行自己的"通证"，进行自己的加密通信，依靠共同的组织规则和价值观，虚拟地存在于区块链中，保持组织规则的有效性和机密性。这些技术被一些别有用心的组织利用，将使其成为社会稳定的隐患，甚至会产生社会和政权颠覆的危险。区块链技术的匿名性、去中心化和多元参与，也会让未来的社会形态变得更加复杂且难以把控。

（二）新型腐败——通证非法交易

2009 年 1 月 3 日，第一个序号为 0 的比特币的区块——创世区块诞生，比特币网络由此建立，比特币由此诞生并逐渐进入公众视野。随着时间的推移，比特币逐渐由小部分"极客"手中的数字货币变成了大众眼中的投资产品，价格不断飙升，一度突破 3 000 美元近 20 000 元人民币的大关。比特币天然的资产属性使其能与黄金媲美。同时，由于这种资产存在于一个去中心化记账的网络上，天然具备非常好的流动性，交易过程在线上即可完成，可在全球范围内自由流通。比特币已成为暗网中违法交易的支付手段，包括毒品、军火、人口走私等违法交易。悉尼科技大学于 2018 年发布的区块链犯罪调查报告显示，每年使用比特币结算的违法交易规模已达到 720 亿美元。

第六章　块创新时代的企业策略

　　在科技制胜、创新为王的时代，先进的理念和技术能够推动社会的进步。区块链技术正是凭借块链式数据结构来验证与存储数据，运用分布式节点共识算法进一步生成和更新数据，依靠密码技术保证数据传输和访问安全，使用智能合约来编程和操作数据的一种新型分布式基础架构与计算方式。在安全、可信、去中心化等方面与网络空间发展的需求高度契合。同时，区块链技术具有不可篡改的特性，从根本上改变了去中心化的信用创建方式，通过数学原理而不是中心化的信用机构来建立广域公正性信任体系。因此，未来区块链技术或将带领人们从个人信任、制度信任进入机器信任时代。时代到了分岔口，我们面临着前所未有的机遇，谁能把握先机，谁就可能掌握未来发展的主导权和优先权。

第一节　用区块链构建分布式商业模式

　　构建分布式商业模式，在区块链领域取得了不少探索成果。

一、分布式商业的兴起

　　新一代分布式商业模式的兴起与涌现是社会结构、商业模式、技术架构演进的综合体现，具备多方参与、专业分工、对等合作、规则透明、价值共享、智能协同等特征。如今，典型的分布式商业案例已经在衣、食、住、行领域出现，在金融行业，如银行贷款、跨境支付等场景中也较为常见。

随着分布式商业需求的日趋旺盛，分布式技术也逐渐成熟。一方面，以分布式架构为基础的云计算技术已经广泛应用，为海量用户提供具有云端化、移动化、场景化等特点的产品与服务。另一方面，分布式账本/区块链技术也走上历史舞台，并根据共识机制及治理方式的不同，划分为公有链、联盟链、私有链等。

对金融行业而言，联盟链技术在系统性能、安全、数据隐私保护、治理、跨链互操作等方面仍存在不完善之处，难以满足日益发展的应用需求。尤其是金融联盟链系统应如何满足监管规定，是系统设计中需要重点考虑的问题。

从应用的实现路径来看，预计存证、清算、结算将会是三大落地应用。在存证方面，机构间可构建透明对等的联盟链网络，避免数据被篡改、被伪造，还能实现全业务流程的可追溯、可审计。在清算方面，可基于透明互信的账本、通过智能合约功能实时自动生成对账文件，从而缩短对账时间，降低运营成本，提升效率。在结算方面，在未来引进央行法定数字货币后，各类基于联盟链的业务都有望实现支付，即结算功能，大大提升了结算效率并降低了运营成本。

二、微众银行的实践

微众银行作为国内首家开业的民营银行和互联网银行，在创立之初就构建了自主研发的分布式银行核心架构，来处理海量客户和高并发交易。微众银行也是自 2015 年开始，较早投入资源发展区块链和分布式账本技术的企业。

目前，微众银行已研发了两大开源底层平台。一是联合万向控股、矩阵元推出区块链底层平台（Block Chain Open Source，BCOS），该平台在 2017 年 7 月完全开源，并被工信部标准院牵头成立的分布式应用账本开源社区纳为三大项目之一。随后，微众银行又联合金融区块链合作联盟开源工作组的多家机构共同研发并完全开源了 BCOS 的金融分支版本——FISCO BCOS，进一步促进国内金融区块链生态圈的形成。

以 FISCO BCOS 平台为例，它融合了金融行业的实践与思考。在性能上，FISCO BCOS 平台优化了网络通信模型，采用拜占庭容错共识机制，结合多链架构和跨链交互方案，可解决并发访问和热点账户的性能痛点，从而满足金融级高频交易场景需求。在安全性上，通过节点准入控制、可靠的密钥管理、灵活的权限控制，在应用、存储、网络、主机层实现全面的安全保障。在可用性方面，FISCO BCOS 设计为 7×24 小时运行，达到金融级高可用性。在监管支持方面，FISCO BCOS 平台可支持监管和审计机构作为观察节点加入联盟链，获取实时数据进行监管审计。此外，FISCO BCOS 平台还提供各种开发接口，方便开发者编写和调用智能合约。

2016 年 5 月，微众银行联合深圳市金融科技协会、深证通等企业，牵头成立了金融区块链合作联盟（深圳）（简称“金链盟”）。目前，金链盟成员单位已过百家，涵盖多种行业，遍布 24 个城市。金链盟成员从成立之初就积极参与建设金融区块链生态圈，在云服务、信用、场外股权市场、票据等数领域展开研究，推动产业创新发展。在场景探索方面，微众银行已在金融生产环境中上线了两个场景——基于区块链的机构间对账平台和仲裁链。

机构间对账平台由微众银行与合作行运用联盟链技术构建，通过建立透明互信的信任机制，优化对账流程，降低人力和时间成本，提升对账的时效性与准确度。通过该平台，交易数据只需几秒即可完成同步，并实现 T + 0 日准实时对账。该平台自 2016 年 8 月底上线，上海华瑞银行、长沙银行、洛阳银行等相继加入使用，至今始终保持零故障，记录的真实交易笔数已达千万量级。

仲裁链由微众银行联合广州仲裁委、杭州亦笔科技三方共同研发。2018 年 2 月，广州仲裁委基于仲裁链出具了业内首个裁决书，这标志着区块链应用在司法领域的真正落地并完成价值验证。借助区块链技术，仲裁链将实时保全的数据通过智能合约形成证据链，满足证据真实性、合法性、关联性的要求，实现证据及审判的标准化，从而将传统数个月的仲裁流程缩短到 7 天左右，司法成本也降低至传统模式的 10%。

此外，微众银行还在防伪追溯、身份认证等场景展开了积极探索。

三、多元合作：产学研深度融合，输出行业标准

微众银行注重产、学、研相结合，现已与西安电子科技大学、中国科学院计算技术研究所等在区块链的架构、性能、安全、共识算法、跨链通信等方面展开研究合作，拟将硬件计算加速、高通量虚拟机等前沿技术应用到更多金融场景中，共同打造新一代高通量区块链计算引擎。

在政府合作方面，微众银行积极对接国标委、工信部标准院，以及 ISO/TC307、IEEE 等标准组织，深度参与多个区块链相关的国际、国家、行业与团体标准的制定；也与中国人民银

行、互联网金融协会、支付清算协会等组织的区块链研究工作组深度合作，开展相关课题的研究。

微众银行致力于区块链底层技术研发，依托技术实力支撑，深度聚焦场景落地，与合作伙伴共同建立科技与金融深度合作的长效机制，共同打造金融创新的区块链共赢生态，构建了一个深度互信的多方合作共同体，进一步推动了分布式商业生态系统的形成。

第二节　区块链技术应用的全球布局

区块链是一种具备社会变革价值的技术创新，它不仅是金融创新，因为它可以提供一种技术手段，去中心化，可以比较好地确认信息的准确性。从这个角度出发，它的意义不仅是金融领域的创新，也可以是其他领域的创新。现在很多有创新头脑的人都在想办法、动脑筋，怎么用区块链技术来解决以前人家想解决还没解决的问题，从而开创出一个新的行业。从当前区块链技术应用的全球布局来看，区块链技术的应用呈现出以下特点：

第一，各国政府高度重视这一新兴技术，许多国家将其作为国家战略发展重点领域。

自 2008 年金融危机以来，世界经济低迷旷日持久，能源、粮食安全、人口健康、气候变化等全球性问题突出，尚未取得周期性恢复。在此背景下，新的技术革命开始孕育，以新型宽带网络、智能制造、生命科学等为代表的新兴产业加快发展，区块链技术开始成熟，成为下一轮产业变革和经济发展的重要根基。

IBM 区块链发展报告就指出，全球九成的政府正在规划区块链投资，并在 2018 年开始进入实质投资阶段。同时，该报告还预估区块链将在金融交易、资产管理、合约管理及法规监管领域产生巨大的效益。超过一半的国家已经投入了资源在区块链上，并且预计将在 2019 年推出相关产品。*Global Blockchain Innovation：U. S. Lags，Europe and China Lead*[①] 甚至认为：就最新全球区块链产业概况来看，中、欧领跑，美国滞后。

美国区块链产业发展的停滞不前与美国证券交易委员会（SEC）某种程度上的"不作为"有很大关系。2018 年 2 月以来，美国众议院接连召开两次区块链听证会，将区块链上升至"革命性技术"，并探讨其未来的应用及其对金融、商业和政府的影响，但美国证券交易委员会（SEC）却没有及时跟进。此时，俄罗斯总统普京也表示，将重点发展区块链技术，以强化俄罗斯在国际前沿技术领域竞争中的话语权，大有抓住机遇实施赶超的架式。

第二，全球各大金融机构纷纷加入区块链技术专利战，试图在这一新技术应用中抢占先机。

福布斯公布的全球布局区块链技术的 50 家上市大型公司排行榜中，银行等金融机构占据前 5 席。中国工商银行、西班牙对外银行、日本瑞穗金融集团、俄罗斯联邦储蓄银行等都对发展与应用区块链技术持积极态度。可见，与"去中心化"的加密货币概念相悖的传统金融领域似乎正刮起一股拥抱区块链的浪潮。有意思的是，著名的摩根大通高管 Jamie Dimon 曾多次标榜"比

---

① Global Blockchain Innovation：U. S. Lags, Europe and China Lead，https：//venturebeat. com/2017/04/16/global - blockchain - innovation - u - s - lags - europe - and - china - lead/.

特币骗局"论，并表示，在他的团队中，不论是谁交易比特币，他都会将其解雇，比特币投资者是愚蠢的，某天终将会付出代价。然而就是这个庞大的美国银行机构，其早在 2013 年便开始关注并布局区块链。2018 年 5 月，美国证券交易委员会（SEC）披露 2017 年 10 月份摩根大通提交的专利申请文件中显示，摩根大通正为一个基于分布式账本的支付系统申请专利，该系统将使用区块链技术记录交易和存储数据。

银行巨头对区块链技术如此感兴趣，动机似乎并不单纯。银行金融机构纷纷加入区块链技术专利战，更多地是想在这场区块链游戏中占据主导地位。但无论是真创新还是假参与，金融巨头已经意识到区块链技术的价值，区块链将为整个金融系统的改革提供重要的技术支撑。

第三，各类非金融企业争相布局"无币区块链"。

正如一位从业人士所言，区块链与数字货币，一面是海水一面是火焰。在监管者眼中，区块链有着广阔的蓝海市场，而项目发币则是充满陷阱的火焰山。"无币区块链"的说法被倡导，也正在逐渐被诸多知名企业应用。比较典型的是无人机巨头大疆在其官网悄悄上线的"DJI 币"。大疆官网解释，DJI 币是 DJI 官方商城的虚拟货币，在 DJI 官方商城，它可以作为实际货币来使用，单位和人民币相同。不过，目前 DJI 币并不能交易，也不能兑现，和我们理解的那种"虚拟货币"还是有很大区别，最多也就算是一种积分，其权益也仅限于在购买大疆产品时作为代金券使用。这些方式都代表了一个方向。相信未来各种时机和条件成熟，"无币区块链"将大有可为。

总之，区块链作为分布式数据存储等技术的集成应用，近年来已成为联合国、国际货币基金组织等国际组织以及许多国家政府研究讨论的热点，区块链的应用已延伸到社会管理、金融服务、物联网、智能制造、供应链管理、数字资产交易等多个领域，有能力引发新一轮的技术创新和产业变革，需要各类企业面向未来十年发展机遇时，认真思考其价值，并立足全球视野展开布局。

第三节　块创新时代的企业创新战略

企业创新生态系统乃是创新企业及其周围组织之间形成的一种互动的合作性安排，它具备差异化和多样性的系统特性。在当前技术突破的大背景下，企业及其周围组织从以前各个创新单元独立的研究状态越来越多地向共存共生、共同学习、共同进化的集成组织形式演进。从价值的视角，创新生态系统不仅包括创新价值是怎样创造的，还包括它是怎样传递，最终怎样被创新生态系统中的成员获取并实现。在价值流动过程中，三个链条不断地共同演化。块创新时代的企业创新战略依托创新价值网络的整合、创造、传递和获取价值，推动知识链、技术链与产业链的共同演进，也推动相关创新生态系统向前进。

一、利益相关者的交易结构

块创新的商业模式被定义为"利益相关者的交易结构"。企业是由不同的内部、外部利益主体投入资源能力，提供产品服务，通过交易来创造和获取价值的交易网络。这个交易网络要想有效率，要想价值创造的空间够大，重要的是设计一个好的商业模式。这个商业模式要想有效率，重要的是交易成本足够低，交易双方互相建立信用的成本要非常低，交易过程当中讨价还价达成共识的成本要足够低，履行合约时监督验证过程的成本也要足够低，只有这样，商业模式价值创造的效率才会比较高。而区块链在数字化世界和虚拟世界里可以有效降低交易成本，所以商业模式和区块链这两个概念有非常强的对应关系。

所有企业（利益主体）创造价值、获取价值的活动都可以通过交易来解释。研究发现，有 10 个因素会影响价值的创造和获取，包括有资源能力禀赋的交易主体、交易内容、交易方式、构形、角色、关系、收支来源、收支方式、现金流结构、价格的高低。其中，构形是指交易的网络结构不一样，哪怕各方的资源能力是一样的，最后创造的价值也不一样。就像同样都是碳原子，金刚石和石墨两个物质的性能就不一样，这些要素会影响交易双方或者多方持续交易所产生价值的大小和获取价值的多少。

按照上述观点来看企业和企业经营，以前有些观点是需要改正的：

第一个是认为只要交易成本低，就能够创造更多的价值。实际上未必是这样。因为即使交易成本高，但如果交易价值的创造更多的话，实际上也可以创造更多的增量价值。

第二个是企业之间的竞争、创造价值和获取价值实际上都不是个体行为，而是一组持续交易的利益主体形成的聚合体，我们称之为生态系统。企业之间的竞争变成了生态系统之间的竞争，企业仍然是有边界的。现在一些流行的说法认为，区块链产生之后企业就没边界了，这是错的。边界依然有，因为商业模式就是设计企业的边界和利益相关者的交易结构，企业内部利益主体从事什么样的价值链环节的活动（我们叫业务活动），外部利益相关方从事哪些价值链环节的活动，商业模式实际上就是设计这样一个结构。只不过区块链思维在引导我们设计企业的时候，不是传统地站在企业边界来考虑自己的价值创造，而是站在生态系统的边界来看企业的价值创造。站在生态系统边界看企业的价值创造称作格局思维，站在企业边界来看企业的价值创造称作焦点思维。

当我们看某一个利益主体价值创造的时候，既可以站在传统的企业边界的角度去看它的价值创造，也可以站在企业生态系统的角度来看，还可以站在商业生态群的角度来看。站在这三个边界去看某一个具体企业的价值创造时，需要做三个非常有价值的决策：一个是定战略，到底为哪一个顾客提供什么样的产品或服务；一个是要定自己的商业模式，即交易结构是什么样的；还有一个是定共同体是什么。实际上，共同体是类的概念，从事价值链环节活动的主体称作角色，角色的集合我们称为是共同体（类），这个类具体化之后就变成了生态系统（也就是共同体实例）。

二、创新生态系统的发展

核心企业在创新生态系统中非常重要，因为这些核心企业不仅要考虑创新过程中的内部风险，考虑构建的创新系统时其他要素和联系的风险，同时还要重视企业内外的知识互补与知识协调。只有这样，才能在把技术、创新推向市场时考虑到创新生态系统中其他成员的成长进度能否匹配，推动系统中其他要素的发展。

要想使创新生态系统能够真正地持续健康发展，一定要鼓励平台性的创新企业在生态系统中扮演资源整合者的角色，去连接配套企业、重要的供应商、最终用户、管制机构、中介标准培训服务、研发机构等，在互动中共同前进。而知识链、技术链和产业链的共同作用也使生态系统能够健康发展。

当然，创新生态系统既要注重核心技术突破，也要注重支撑技术、衍生技术和商业模式的共同发展和相互支撑。只有这样，才能推进基于创新生态系统的纵向与横向的合作，分层次、分系列、分系统地推进技术均衡发展。

作为决策者，推动创新生态系统发展需从以下几个方面着手：第一，完善创新生态系统的规划，推动利益共享和风险共担，形成链接创新利益相关者的多主体创新模式；第二，需要从全局角度出发来考虑创新布局，要扶持重点物种产品，更要关心整个生态系统的健康；第三，不但要考虑对创新的重要供应投入，还要考虑市场需求和外部制约因素的影响，通过政策环境建设、人才资源和公共基础平台体系等加以引导。

同类生态系统是指和共同体一样的生态系统，同类生态系统中具体企业的商业模式可以不一样，最后造成同一个行业的同类生态系统竞争力不一样。比如电子商务，如果不同生态系统的焦点企业的商业模式不一样，竞争优势就会不一样。区块链技术实际上是重构商业模式的技术基础，一个区块链就是一个共同体（类），为这个区块链中每一个利益主体设计和实施好它的商业模式，就是设计他们的交易结构，这个区块链就成了一个具体的生态系统。

同样的共同体内，具体的生态系统可以不同。这种不同可以来源于每一个利益主体资源能力禀赋的不同，更大的差异则来源于生态系统中每一个利益主体商业模式的差异。如果区块链设计的 token（通证）以及每次价值创造的多少和获取多少相结合，就意味着这个生态系统未来经营所创造的总价值都记录到了通证上。有人说通证有点像股权凭证，传统的股权凭证是某个企业创造的价值的凭证，是未来价值创造的凭证。但是 token 实际上是一个生态系统中诸多利益主体创造的价值总和。

曾经有人说，亚马逊、特斯拉可能永远不会挣钱，但是它的股权价值依然会很高。原因应该是他们的投资人实际上投资的是以特斯拉和亚马逊为中心的生态系统创造的价值。我们在考虑企业设计的时候，需要从生态系统价值创造总和这个逻辑目标上来看具体生态系统中的参与者的商业逻辑是什么。区块链的出现正是由于它带来的商业模式创新空间非常大。

第四节　块创新打造企业发展新蓝图

企业进化到今天，组织管理必然走向智能化，如同智能手机的出现一样：管理逻辑 + 先进技术 = 智能化系统，这项先进技术是不是区块链意义并不大，总之，必然会有类似的技术出现，彻底终结传统管理模式，智能时代只有智能企业才能生存下去。但如果是区块链技术，我们不禁会思考：什么样的组织才适合区块链技术？区块链技术在组织管理领域又会有何表现？有一点是肯定的，那就是只有改变传统组织形态，进化为一个新组织时，区块链技术才会变得如鱼得水。下面我们从组织形态进化规律谈起。

一、组织形态进化规律

在市场生态中，组织形态沿着产业价值链不断演变，经历了股东价值形态（形如三角形）、精英价值形态（形如梯形）、客户价值形态（形如链形）、利益相关者价值形态（形如圆形）四种典型的组织形态，实现了从低级组织形态向高级组织形态的进化。其中，股东价值形态在改革开放初期大量出现，今天依然存在但数量越来越少；精英价值形态 20 世纪 90 年代后开始出现，就是人们常说的"金字塔"形，也是传统的企业形态；利益相关者价值形态是工业 4.0 时代的产物，尚未到来；而客户价值形态则是新商业时代的最佳企业形态，也称为新组织，西方一些先进企业已经进化到这个阶段。从精英价值形态迈向客户价值形态是企业进化过程的分水岭，是一次质的飞跃，中国企业的转型恰恰处于这个阶段。

不同的组织形态有不同的形态特征与管理模式，传统企业组织形态根本不支持区块链技术，只有进化到新组织形态时，也就是客户价值形态时，区块链技术才会有用武之地。

二、为何传统组织不适合区块链？

如果把所有传统企业进行解构，会发现其内部都有"三支柱模型"：职能型组织结构、职位管理基础、产品管理方式，这是一种纵向的管理模式，让传统企业形如"金字塔"，这种企业在中国多不胜数。

职能型结构为"金字塔"搭建起主体框架，最大的特点是不仅有强大的中心职能，而且由不同的职能部门构成，这是企业内部"分工"与"协作"的结果，分工越细，部门设置越多。单体企业一般采取直线职能型，集团企业则多采取事业部型，因为事业部在集团企业中承担着某种特定职能，也是职能型结构的一种形式，各部门通过职能型结构共同进行价值创造。"分工"与"协作"在传统组织中天然形成了"边界"，这种"边界墙"虽然有效地提升了专业性，但也阻碍了各种信息、资源的流通。

"职位"为构建"金字塔"提供了基础材料，所有管理机制均建立在"职位"基础之上，责、权、利均配置在"职位"上，所有的"金字塔"都是由"职位"一砖一瓦构建而成。"职位"一旦设置，轻易不会变动，这也是"金字塔"为何如此稳定的原因。随着"职级"不断增加，"金字塔"会变得巍峨耸立。职位管理让每个人都能各司其职，一旦"人岗匹配"，传统企业就会像机器一样精准、高效，但也让这台机器丧失了灵活性。

产品管理为"金字塔"设计出了基本运营秩序，其围绕产品生命周期展开，对产品的规划、开发、生产、营销、销售和支持等环节进行一系列格式化的管理活动，目标是实现产品价值最大化。产品管理方式能够使企业进行大规模、标准化的生产，企业规模能够迅速扩大。产品管理虽然让企业在产品的质量和数量上都有大幅度提升，却无法及时依据客户需求调整生产工艺。

强大的中心职能，分工与协作式的价值创造方式，层级式的职位管理系统，格式化的生产工艺，所有这些特点都与区块链技术相悖，注定块创新在传统组织中成为"鸡肋"。

三、为何新组织才适合区块链？

从组织形态进化规律可知，股东价值形态和精英价值形态都无法适用区块链技术，只有基于流程型组织结构、能力管理基础与流程管理方式的新组织形态才与区块链技术完全相符。因为新组织形态具有三大特点，我们称之为新"三支柱模型"：流程型组织结构、能力管理基础与流程管理方式。这是一种横向的管理模式，西方一些优秀企业已经具备这种特征，尤其是那些生态型组织。

流程型结构不仅让企业彻底扁平化，形如"链"，关键是没有中心职能，众多的"链"组合在一起就能够组成一个平台或生态。没有了中心职能，流程型结构更加灵活敏捷，能够根据市场的变化，通过增减业务流程而改变组织规模，极大地增强了企业的灵活性。在企业内部，部门与职位开始消失，没有了"部门墙""职位墙"，分布着众多类型的创新团队，业务流程把这些团队有机地集成在一起，流程管理让新组织内部真正实现了无边界。

能力管理也称为角色管理。角色管理的基础体现了"人"与"工作"的统一性，管理制度直接建立在"角色"上，当"工作"随着市场变化而变动时，"人"也随之即时改变，始终保持着一种动态管理方式，极大地提升了企业应对市场的反应速度，企业运行变得灵活高效。

流程管理是一种集成化、系统化的管理方式。所谓集成化，是指任何流程环节都能替换更新，实现"即插即用"；所谓系统化，是指在流程环节之间能够"无缝对接"，融为一体，同时能够依据客户需求自主设计与调节。很多传统企业都认为已经实施了流程管理，其实不然，传统企业中的流程管理只是披着流程管理外衣的产品管理而已。

没有中心职能，新组织形态的价值创造方式、动态的角色管理系统、灵活多变的制造工艺都与区块链技术相匹配。

四、区块链技术让企业成为智能型组织

区块链技术不是为传统组织形态服务的，甚至还会消灭传统组织形态。现代企业的信息化、智能化过程就是在努力摆脱传统企业形态的禁锢，不仅试图在企业中实现集成化、系统化的管理，而且要冲出企业，链接外部供应链，这是企业形态进化的内在规律。

近年来，生态型开放组织在西方发达国家迅速崛起，已有燎原之势。未来的商业时代是生态系统的时代，所有组织要么自己建立生态系统，要么处于别人的生态系统中。拥有区块链技术的新组织无疑会成为一种智能型组织，其强大的竞争力在市场中摧枯拉朽，让传统组织望尘莫及。今天的阿里、腾讯（虽然仅仅是平台组织）即可见一斑。

如何有效提升开放生态组织之间的价值关联，传统信息化技术显然力所不及，因此必然催生出一批先进技术，从某种意义上说，是不是区块链意义并不大，至少类似的技术将应运而生，成为一种必然，这些技术不仅让生态型组织之间的衔接和融合更加有效，还会让生态型组织的价值创造效率更高。

作为一种分布式账本数据库，区块链技术已经不再是打通企业内外部供应链，而是要打通内外部生态系，如果说传统信息技术是"链"的话，那么，区块链就是"网"，把所有与企业组织相关的利益相关者"一网打尽"，届时企业组织将会是一种庞然大物，其中生长着无数的专门的职业者和小微企业，彼此协同发展，成为一个整体的、开放的生态型组织，其规模会让今天的集团企业感到惭愧。

尽管目前中国绝大多数企业在信息技术的应用中尚存在诸多问题，但是近年来出现的新组织变革"三引擎模型"[①]，这是一套推动传统企业变革迈向新组织的方法论。这让我们看到了企业

---

① 矩阵型组织结构、二元管理基础以及项目管理机制是中国企业转型迈向新组织的三个引擎。所谓"模型"，是指三者相辅相成、相互作用，任何一种引擎都需要其他两者支撑，从而形成一种稳定模式，有了这三大引擎，新组织变革即具备了基本条件。参见杨少杰. 新组织管理模式设计方法、路径、步骤［EB/OL］. https://wenku. baidu. com/view/04635522ff4733687e21af45b307e87101f6f8bb. html

组织向未来生态型开放企业变革的曙光。成为一个智能型企业任重道远，我们期待区块链技术的成熟与规模应用。

第五节　企业块创新战略实施中应避免的误区

我们知道，区块链是比特币的底层技术，它是将记录区块以链条的方式进行组合并串接在一起，通过去中心化和去信任的方式集体维护一个可靠的数据库及数据结构，从而支撑数据的一致性并提高流程的可靠性。在实际业务应用层，主要采用了智能合约的互信机制，实现前端的数字认证和信息追溯。

区块链在可靠与安全方面具有三个非常关键的特点，即保障数据的完整性、去中心化的可靠性以及提供数据的安全性。

（1）保障数据的完整性，通过"区块＋链"创新数据库结构。将数据分成不同的区块，每个区块通过特定的信息链接到上一区块的后面，前后顺连，呈现一套完整的数据。从技术上讲，它是将数据或代码打包成一个区块，盖上时间戳，与上一个区块衔接在一起，时间戳是区块链中重要的技术创新。

（2）去中心化的可靠性，构建 P2P 分布式网络结构的协议机制，让全网任意节点都来验证其他节点记录结果的正确性；同时构建分布式网络系统，让数据库中的所有数据都实时更新并存放于网络节点中。从技术上讲，它是基于去中心化开源协议，运用分布式记账、分布式传播、分布式存储等技术。

（3）提供数据的安全性，依赖于非对称加密算法及数字签名。两个密码具有非对称特点——公钥和私钥。数据加密时使用公钥，全网可用于加密；数据解密时使用私钥，只有信息拥有者才能解密。从技术上讲，典型的非对称加密算法有 RSA、Rabin、

D－H、ECC、Elgamal 等。

区块链的技术所具有的去中心化、记录时间戳、分布式记账、集体维护、不可篡改、去信任、非对称加密等技术特性，支撑了上层业务的可管、可控、可靠和安全，保证了价值传递的准确性、可靠性和安全性。

一、企业创新生态块中的价值链

在企业创新生态中，价值可以直接或间接获取，参与者可以直接通过交易获取价值，也可以间接从协调商处获取。生态系统的复杂程度和协调程度决定了价值获取的潜力和性质。从以下三个场景，我们可以一窥其中的价值链及其传递公式：

第一个场景是生态系统参与者通过交易直接获取价值与支出价值。企业可以通过生态系统中发生的交易或服务交换价值，在这些情况下，价值获取随交易量即时发生。人们每天在生态系统中都会进行直接交易。例如，购买乘坐公共交通工具的车票等。

第二个场景是企业从协调商处获取商品或服务的价值（协调商直接从消费者处获取价值）。在这些情况下，消费者付费接入并参与到生态系统中，他们向协调商付费并获得一套捆绑的货物和服务，而协调商将费用分配给生态系统中的参与者，激励它们继续参与到生态系统中。人们在日常生活中也会体验到间接生态系统交易。例如，购买一个城市中所有公共交通的通票并在规定时间内无限制地乘坐火车、有轨电车、公共汽车或地铁，或者购买智能设备用于接入应用库和其他服务。

第三个场景是直接与间接获取价值方式的某种组合，其中，有些是付费使用组件，有些是直接使用组件。将来，不同行业可能在直接和间接方式之间有不同的定位。例如，在未来的快速消费品（CPG）生态系统中，企业可能直接获取价值。CPG 企业将在孤立的生态系统中有力地开展竞争而几乎没有协调。在这种场景下，品牌改造是在同质竞争中脱颖而出的关键，而且企业需要努力寻找合作伙伴，以优化与生态系统的交易。

二、企业块创新系统建设中需要注意的问题

企业块创新生态系统建设中，既要有生态的观念，又要有"块"化的思维。也就是说，我们既要照顾系统的复杂性，又要把握系统的整体性，结合区块链的哲学化思维来构建我们的企业创新生态系统。这些思维主要表现为以下几个方面。

（一）分布式系统结点边界的识别是设计分布块时最需要关注的点

企业块创新生态系统是一种分布式的系统，其中在设计阶段就应当关注每个"块"——结点的边界识别问题。这有助于提高"块"内效率，也有助于优化"块"间价值交换，还将有助于实时识别并惩罚恶意攻击。

（二）块内设计时需要处理好条间的避让问题

在庞杂的块化创新网络生态内部，当有些"条"有碍于"块"的宗旨和主要功能时，各个"块"的设计过程中要考虑系统的自动避让功能。各个"块"的效率是为了解决"条"功能和"条"效率的问题，块社区也要解决好"块"的自组织效率问题。

（三）块的重构与自我修复能力

块创新系统是一个整体性的系统，其中，"块"的基因就包含了对"条"乃至生态的组合、纠偏、选择。因此，"块"的重构与自我修复能力也是块创新社区系统自我纠偏的智慧和执行力

所在。块创新体系本身应当是一个高度自适应的网络化体系。

构建企业块创新生态系统，打造新型的企业创新通证社区共同体，有可能会为企业的发展提供一种全新的发展方向。有人认为，这种新型的创新通证社区共同体有可能是对通常的股份公司的全面颠覆，但更多人认为，这应该是对股份制公司的改良与升华。

区块链这项新技术有待我们深入发掘的地方还有很多，特别是在由发达国家领先者制定"规则"的高科技领域，我们更应放眼长远，继续创新，消化吸收区块链技术的精髓，努力形成具有自主知识产权的核心竞争能力。同时，面对各种诱惑，我们需要时刻小心谨慎，要看到风险、避免损失，切莫让经济利益的浮光遮挡了对区块链本质和深层价值的认识。

第七章　块创新的促进政策与措施

　　区块链技术作为继人工智能之后的又一具有社会性的高新技术，受到社会各界的关注。作为一种足以支撑虚拟货币运行的底层技术，其安全高效的自组织性不断吸引了人们的目光。区块链最先应用在金融行业，随着社会各界对区块链的创新应用，区块链已经从金融行业转到各行各业中，运用区块链技术进行创新生态系统优化建设正成为政府和社会积极推动的重要领域。

第一节　聚焦核心技术，构筑发展基础

　　从政府政策和社会媒体的关注来看，我国高度重视区块链技术的创新与产业发展，在大量 IT 企业和各种行业、企业以及创业者的共同参与下，涌现出了一大批创新性的项目和企业，推出了不少新产品、新模式、新应用，区块链在金融、政务、能源、医疗等领域的应用逐步展开，正成为驱动各行业技术产品创新和产业变革的重要力量。

　　2017 年 10 月，国务院办公厅发布了《关于积极推进供应链创新与应用的指导意见》，其中提到：一是相关企业研究利用区块链、人工智能等新兴技术，建立基于供应链的信用评价机制；二是营造良好的供应链创新与应用政策环境；三是加强供应链信用和监管服务体系建设。前者可以看作行业层面的块创新重大举

措，而后两者可以看作宏观上促进块创新的政策和市场环境构造。

随着政府的支持与社会资本的涌入，区块链技术研发机构和企业不断增多，技术产品不断取得新进展。首先，区块链技术研究团队不断增多；其次，区块链技术研究团队不断推出重要成果。目前，我国区块链专利申请已走在世界前列。相关数据显示，2017 年与 2018 年，中国区块链专利申请数量领先全球，约占到世界主要国家区块链专利数量的 77%。

整体来看，区块链技术的应用仍处在起步阶段，形成的应用产品有待成熟，有效的应用领域还需开拓，特别是将区块链技术和思想应用到企业、行业以及区域的创新生态系统建设上，还需要进一步开拓和发展。正是由于区块链技术及其应用过程的不完全成熟，使我国区块链产业的发展还面临着许多的问题：

第一，国家层面的战略不明确。虽然当前国家和地方政府已经出台了一些鼓励区块链布局和发展的相关政策，但是针对区块链发展中存在的技术异构、标准和规范不统一、行业资源配置割裂、投融资扶持政策力度弱、监管有待加强等问题，产业顶层设计、发展路线图、时间表、发展方向有待进一步明晰。

第二，社会对区块链的关注度"过于兴奋"，而认识水平却有待提高。大量热心民众对区块链的应用价值往往是一知半解，一些所谓的"传道者"目的不清。事实上，任何期待区块链立刻颠覆现有互联网格局的愿景都是不切实际的。从技术维度来看，区块链技术是在互联网技术应用层上的创新，区块链技术是互联网技术、云计算技术的补充。

第三，技术理念亟待突破。由于对区块链的认识仍限于技术层面，忽略了区块链技术本身并不完全是计算机科学与技术的成果，甚至可以说并不是前沿计算机科学与技术的成果，因此，在核心技术方面的把握、技术路径的选择上存在很大的问题。

第四，行业支持政策与人才严重短缺。目前，我国还缺乏有效的行业（产业）支持政策，特别是有针对性的行业发展政策。另外，区块链相关人才培养滞后，人力资源供应严重不足。有关数据表明，2018 年第一季度，区块链相关人才的招聘需求已达到 2017 年同期的 9.7 倍，发布区块链相关岗位的公司数量同比增加了 4.6 倍。区块链相关岗位占互联网行业总岗位的 0.4%，而区块链技术人才的供需比仅为 0.15：1，供给严重不足。

为了推动区块链技术的创新和行业的发展，可以从以下几个方面入手：

一是做好顶层设计，加快标准体系建设，抢占行业发展的制高点。具体包括：将区块链发展上升至国家战略层面，做好区块链发展的顶层设计和总体规划，明确提出区块链发展的总体方案、路线图、时间表，加快我国数字经济建设；制定区块链技术和应用标准发展路线图，逐步完善区块链技术和应用标准兼容体系，探索建立国有公有链技术标准；鼓励第三方组织和联盟开展区块链技术的标准验证，选择条件成熟的行业开展贯标与评估，探索制定基于区块链技术的行业管理和安全监督机制，组织开展行业应用的安全风险评估，加强对敏感行业应用的监督与管理；建立基于区块链技术的应用认证体系，依据行业规模和应用能力，探索制定行业认证标准，依托第三方机构开展认证服务，规范行业竞争市场。

二是加强区块链的公共基础设施建设，培养核心技术创新能力，以提高区块链技术持续创新能力为目标，加强区块链公共基础设施和创新载体建设。为此，要做好以下三个方面的工作：一是集聚产、学、研、用等多方资源，支持高校和科研院所建设区块链创新实验室和研究中心；二是加大资金投入力度，支持区块链、软件和信息技术服务、互联网企业和研究机构的联合创新，共同推动区块链技术安全验证工作；三是鼓励第三方研究机构和第三方评价机构的建设；四是支持开源区块链项目发展，支持我国企业或组织主导全球区块链项目创新发展。

三是开展试点示范工作，特别是在政府与社会管理层面进行示范，形成示范效应。

应积极开展区块链产业试点示范工作，树立典型，形成示范效应，带动区块链产业发展。为此，要做好以下六个方面的工作：一是组织开展面向金融领域的区块链技术应用示范，探索在加密数字货币、跨境支付、票据管理、证券发行等领域形成自主可靠的解决方案，形成一批可复制、可推广的典型案例。二是在农业、物流、制造等领域以产品溯源、确权认证、供应链管理等方面为突破口开展行业专项应用试点示范，提升区块链技术的行业应用水平。三是在民生服务、社会治理领域开展区域性示范工程。四是围绕大数据等新兴技术领域，组织开展区块链技术应用试点示范工作。五是组织实施具有代表性的区块链技术应用工程，形成可复制、易操作的区块链技术应用示范平台。六是鼓励行业龙头企业加强区块链技术与既有产品与服务的融合创新，构建成熟的区块链应用产品体系及行业解决方案。

第二节　促进块创新的政策与措施

块创新作为一种全新的创新模式，需要在大力促进区块链技术发展和行业应用的背景下，得到一些有针对性的促进、激励政策与措施。

一、鼓励企业块创新生态系统建设

未来是一个充满区块链的世界，在这个世界里，每个公司的底层记账和交易都是用区块链技术实现的。企业开展区块链化变革，基本的方式主要有：

路径一：要创造新的共同体，形成一个具体的大的生态系统。

路径二：重构现有的共同体。如磁云科技 20 多家 B2B 产业互联网公司实际上就是在解构和重建现在已有行业的共同体。

路径三：创新改造已有的共同体，通过商业模式创新让已有共同体的效率更高。

路径四：直接把区块链技术应用到现有模式。

这四个方向价值创造能力的大小是从路径一到路径四越来越大，而要想在区块链这波风潮当中抓住赢利机会，重点应该放在前两个路径。政府在支持企业进行区块链化变革、走向块创新时，也应该采用对应的政策与措施。

（一）鼓励企业从供应链入手构建块创新共同体

供应链是以客户需求为导向，以提高质量和效率为目标，以整合资源为手段，实现产品设计、采购、生产、销售、服务等全过程高效协同的组织形态。随着信息技术的发展，供应链已发展到与互联网、物联网深度融合的智慧供应链新阶段。政府应大力鼓励构建以企业为主导、产学研用合作的供应链创新网络，建设跨界交叉领域的创新服务平台，提供技术研发、品牌培育、市场开拓、标准化服务、检验检测认证等服务；应通过开展更多的供应链创新与应用示范城市试点，鼓励试点城市制定供应链发展的支持政策，完善本地重点产业供应链体系；培育一批供应链创新与应用示范企业，建设一批跨行业、跨领域的供应链协同、交易和服务示范平台。

（二）鼓励企业重构现有的行业共同体

当前许多行业性组织和事业单位完全可以借用诸如联盟链等区块链成熟技术，重构现有的行业组织模式，以实体产业、数字经济的改造进行实验与示范，并达成产业共识与标准，建立健全产业升级平台；助力产业升级与动能转换，依靠监管广泛的社群共识来推动，进而形成自下而上、由外到内的经济体改造模式，并从全球格局进一步优化整合。

二、完善公链政策，鼓励块创新平台发展

区块链作为一项新兴信息技术，其核心价值并不在于原有业务效率的提升或产品质量的改进，而在于构建一个由代码、软件来决定的价值体系，因此有人认为，区块链改变了生产关系；也有人认为，区块链是价值互联网的基础设施。总之，区块链从社会和经济整体层面可以看作具有颠覆性价值的新兴信息技术。

一般而言，区块链可分为公有链、联盟链和私有链，后两者又称为许可链。从技术角度来看，公有链和许可链还是存在较大差异的。例如，在公有链共识算法设计中，通常都会考虑到拜占

庭将军问题①，即有可能存在恶意节点，存在虚假信息。如不久前，有公有链曾经遭遇过 51% 的攻击，而这一问题往往在联盟链或者私有链中是不用考虑的，这也是为什么许可链的共识算法是没法应用到公有链中的原因。

从应用价值来看，许可链只用于某一组织或企业内部，应用范围有限且通常无法对当前的组织形式带来变革，而公有链则不同，其应用范围是全球性的，并有望支撑新型的商业形态。因此，与许可链相比，公有链的应用价值更大，并且在技术创新方向、技术应用形式、技术创新模式等方面有其独有的特点。性能是当前公有链技术创新的核心聚焦。区块链技术源于比特币，在比特币等公有链的早期发展中，由于普及率低、用户少，从而使链上的信息处理量也少，其性能上的不足并不会对实际应用带来太大障碍。但随着区块链的普及、用户的持续增加，传统公有链性能上的不足愈发明显，例如，比特币、以太坊等公有链经常发生网络堵塞现象。

在此背景下，许多公有链对安全性、去中心化水平方面有所让步，而将技术创新的重点放在性能方面，着力提高网络的 TPS（每秒事务处理量）。为此，要开展以下三个方面的创新：一是

---

① 拜占庭将军问题（Byzantine Failures）是由莱斯利·兰伯特提出的点对点通信中的基本问题。其含义是在存在消息丢失的不可靠信道上试图通过消息传递的方式达到一致性是不可能的。拜占庭位于今土耳其的伊斯坦布尔，是东罗马帝国的首都。由于当时拜占庭罗马帝国国土辽阔，为了防御目的，每个军队都分隔很远，将军与将军之间只能靠信差传消息。在战争的时候，拜占庭军队内所有将军和副官必须达成一致的共识，决定是否有赢的机会才去攻打敌人的阵营。但是，在军队内有可能存有叛徒和敌军的间谍，左右将军们的决定并扰乱整体军队的秩序。在达成共识时，结果并不代表大多数人的意见。这时候，在已知有成员谋反的情况下，其余忠诚的将军在不受叛徒的影响下如何达成一致的协议，拜占庭问题就此形成。

架构上的创新，例如，部分公有链采用了 DAG（有向无环图）的架构，它的每笔交易均可作为一个区块对待，理论上具有极高的扩展性。二是共识上的创新，通过采用 DPoS（股份授权证明）共识机制，选择有限的代理节点来负责验证和记账，可以极大提高网络处理效率。例如，采用了 DPoS 共识的斯蒂姆链（Steemit）[①]，其吞吐量最高可达到 3 000TPS 以上。三是记账形式上的创新，代表性的技术方向包括了闪电网络、分片等。闪电网络允许大量高频小额交易放在链下来处理，分片则采用分而治之的思路，通过多个联网机器的并行处理分担验证交易工作，从而提高网络性能。近期，以太坊创始人表示通过使用分片技术，甚至可以将原来不足 40 TPS 的以太坊网络升级成为百万TPS 的高性能网络。此外，通过缩短出块时间、提高区块大小、引入侧链技术等方式，也可以在一定条件下提升公有链的事务处理性能。

可以说，高性能已经成为未来公有链发展的必然要求。智能合约决定了公有链的通用应用价值。公有链从功能上来看大致可以分为三大类：第一类是以比特币为代表的数字货币公有链，这一类公有链所能支持的功能主要是所对应的数字货币的转账交易。第二类是能够实现特定功能的公有链，例如，比特股[②]具有

---

① 斯蒂姆链是一个类似"自媒体"的平台，平台由区块链技术驱动，使用一种新的加密货币来奖励那些上传文章、图片和评论的用户。和博客、QQ 空间一样，用户可以发帖、评论。不一样的是，斯蒂姆会给你奖励，激励你发布更多更好的文章。我想斯蒂姆也是想发展成一个聚集经典、阅读、热点的平台。

② 比特股是一种支持包括虚拟货币、法币以及贵金属等有价值实物的开源分布式交易系统。该系统能够提供一个去中心化交易所的解决方案，让每个人都成为交易所。

部分数字货币的交易功能，斯蒂姆链可以支撑社交服务。第三类是可提供智能合约的公有链，以太坊是其典型代表。区块链要想成为能够影响未来商业形态的信息基础设施，智能合约功能是必需条件。从发展趋势来看，基础公有链＋DAPP（去中心化应用）将有望成为未来全球的经济形态之一，但这依赖于两方面的协同发展：一是依赖于各行业数字化水平的提升，特别是软件定义的层次，只有实现软件定义的行业，才可能用智能合约的方式去组织、服务、管理，这也是为什么当前金融、游戏等领域与区块链结合更为紧密的原因；二是依赖于公有链智能合约开发的难易度，主要的创新方向包括图形化编程界面、移动端开发工具等。随着智能合约的广泛使用，公有链的平台应用价值也将不断提升。目前来看，开源开放是公有链技术创新的唯一有效模式。

开源的创新模式是公有链与私有链、联盟链最大的不同之处，很多公有链之所以能够在没有组织维护的前提下稳定发展，其主要原因在于：它的信任机制是建立在软件代码级别上的，也就是说，用户可以不参与代码的更新与维护，但确实可以看到软件所对应的真实代码，可以通过编译形成公有链软件。当前，全球主流的公有链均处在持续创新阶段，没有一条公有链被认为是完美的，开源通过集聚全球智力资源，赋予其持续创新的动力。数据显示，作为历史最悠久的公有链，比特币开源项目近一年的代码更新提交量高达 1 800 多个，平均每天都有 5 个新的更新提交。因此，要想推动区块链技术的创新，特别是公有链技术的创新，利用好开源平台、培养开源意识、加大开源贡献至关重要。

无疑，区块链是未来全球科技竞争的重要领域，更是未来经济社会发展的基础平台，其中，公有链的价值将更为突出。要想在公有链技术创新热潮中占据领先地位，就必须准确把握全球公有链的技术创新方向，认清公有链行业应用的核心环节，依据公有链技术创新的基本模式，集聚全球资源，充分发挥产、学、研等各方力量的创新积极性，构建符合公有链特点的技术创新体系。

三、构建区域协同块创新体系

区块链有利于政府信息的充分及时利用。对不同的政府部门来说，目前信息流通并不顺畅，对广大群众来说更是如此。如果将各部门的信息数据与区块链联系起来，当政府部门与公民落实数据共享的时候，就可以通过数据的实时发布，充分及时地利用信息，区块链的便利将会在之后的政府管理中体现出来。但区块链毕竟还不够成熟，在政府领域的发展更不能一蹴而就，还需不断发展创新。

从近几十年来世界经济与社会的发展程度和方向来看，"创新"是一个绝对逃避不开的发展主题，越来越多的国家和地区开始或者已经建立了与自身相适应的创新生态系统。中国经济发展模式由"效率驱动"发展到"创新驱动"，还面临着科技创新中的"孤岛现象"、"知识悖论"等问题，各创新主体协同生产、获取、扩散和应用知识的能力普遍较弱。近些年，中央政府权力不断下放，经济改革持续深入，在经济发展新常态下，从区域层面，研究如何发展跨行政区的区域范围产学研用的创新协作性关系、提升知识协同创新绩效、激发和促进区域创新生态系统中"物质"、"能量"与"信息"的流动，已成为可能与必需。

　　区域创新生态系统利用生态学和生态系统理论探究和分析区域创新系统，重视创新组织群落协同演化及其与创新环境协同演化的重要性。构建区域协同的块创新体系，就是在区域创新生态系统建设过程中充分运用块创新的理念，发挥区块链技术的优势，构建在区域层面的虚拟创新体系。这种体系的建设将在更大范围内运用区块链相关的技术和理念，也更有可能获得这种社会化应用技术的新成果，为区域创新体系建设提供新思路和新方法。

第八章　无限风光在险峰——
块创新未来展望

区块链技术作为以去中心化方式集体维护一个可靠数据库的技术方案，具有去中心化、防篡改、高度可扩展等特点，正成为继大数据、云计算、人工智能、虚拟现实等技术后又一项将对未来产生重大影响的新兴技术，有望推动人类从信息互联网时代步入价值互联网时代。

区块链对创新方法和创新模式的影响也是巨大的，它使一个复杂的生态系统，无论是商业生态系统、创新生态系统还是企业生态系统，成为自组织的条块化体系，通过"通证"（或称 token 或币）使体系内实现信用，消除摩擦，推动更符合知识经济和社会发展需求的创新共同体的建设，从而使企业更有效地实现创新，经济更顺畅地运行，社会更低成本地管理，进而构筑一个全新的社会发展愿景。

第一节　块创新在区块链技术的发展中不断拓展

随着通证社区的繁荣和相应研究的深入，不同应用蓬勃发展，区块链技术也得到了快速发展，块创新的模式与应用也在不断探索中得以拓展。基于共享经济的概念，以知识与技术创新共创共享为特点的块创新也随着区块链技术的发展，大致实现以下几个方面的发展。

（一）块创新将随着区块链技术性能的提高在应用领域得到更大发展

目前，区块链技术的缺点首先是性能和扩展性不能满足需求，交易并发能力不足。常用的区块链系统的高并发交易能力普遍不高，其中，共识算法是制约区块链性能的重要原因。

从目前的情况来看，区块链的性能问题主要表现为吞吐量及存储带宽远不能满足整个社会的支付需求。制约性能的另一个重要因素是账本结构。目前，典型的区块链账本设计为区块的单链结构，意味着从全局来看，所有的交易都只能顺序地被处理。由于交易处理缺少并行度，难以获得接近于传统中心化系统的性能表现。因为区块链技术本身的发展问题，块创新系统和平台在诸如知识产权管理和社区管理等方面存在一定的瓶颈。但是这些问题都将随着技术的发展得到解决。

另外，块创新通用性也在不断加强。以知识产权为核心的块创新平台正从文化领域延伸向其他多个领域，特别是在企业块创新系统建设方面，随着供应链体系引入区块链技术的深化，由产品供应链进而聚焦研发链，从企业创新生态系统走向企业块创新生态系统的步伐正在加快。诸如 IBM、微软等巨头，都分别推出了自己的解决方案。

近年来互联网的迅猛发展及其与物理世界的深度耦合与强力反馈，已经根本地改变了现代社会的生产、生活与管理决策模式。可以预见的是，未来在中心化和去中心化这两个极点之间将存在一个新的领域，各种区块链系统拥有不同的非中心化程度，以满足不同场景的特定需求。

（二）块创新的新拓展：区块链技术的最新发展

块创新的发展同样伴随着区块链技术的深化，在相关领域形成了更深化的技术解决方案。

技术改进的第一个趋势是共识机制。共识是各方对某种陈述达成一致的过程或结果。在博弈论中，每个人都知道的信息称为共有知识，它仅是共同知识的一个层次。区块链技术通过信息广播、交易签名、投票表决的方式，可以巧妙地将共有知识转化为高阶的共同知识。这一原理在块创新的深化中得到了许多项目的支持。

技术改进的第二个趋势是在隐私和安全方面，主要是在公有链中，需要对交易数据、地址、身份等敏感信息进行保护；对于联盟链，则需考虑可监管性/授权追踪等。

技术改进的第三个趋势是代币持有者投票的链上治理机制再度作为多目标决策机制兴起。代币持有者的投票有时会用来决定运行网络的超级节点由谁操作，如 EOS、NEO、Lisk 等系统中的委任权益证明（DPoS）机制；有时用来对协议参数进行表决，如以太坊的 Gas 上限；有时用来进行表决或直接实行批量协议升级，如 Tezos。在上述案例中，投票是自动进行的，也就是说，协议本身包含了更改验证程序集或更新自身规则所需的一切逻辑，而且是根据投票结果自动进行。

虽然链上治理机制仍处于争议和探索过程中，尚未达成统一的意见，但仍需进一步关注和研究。

（三）块创新的新领域：机器智能正在与人类智能组合成新的群智创新

众创、众包、众服是云创新的三大特征。每个人都有个性化需求，要变成大众化生产，必须是众创、众包、众服的社会化大生产网络，这个网络让我们每个人都可以受益。区块链技术的应用加速了这种生产的合理性，使人们看到了"众享"的清晰前景。更重要的是，在这个新型的群智智能时代，出现了机器智能与人类智能的群智结合。也就是说，机器人和人之间能够进行智能层面的交互，机器和机器可以做智能的交互，人和机器之间能形成集体的、有序化的行为，即变成群智智能机器人了。在"智能＋"时代，智能机器群与人群的共融交互共同构成了未来的群智时代。

（四）块创新的新支撑：与物联网相结合的智能化众创空间

对实体世界赋予生命、把万物账本内建于物联网中可以带来哪些可能性？我们对这个问题开始思考与想象。截至目前，最受媒体关注的是消费性设备。其实，几乎每一个领域都有潜在应用。潜在应用的分类方式很多，因为有太多的跨领域应用，可以归属于不止一个类别。

数据传感器的发展为不动产创造了新的市场，让它们被实时发现、使用、付费。商家现在已经进入这个领域，发展了新的服务模式，把非办公时段的办公空间租出去。居家管理感到空虚寂寞吗？你随时可以和你的屋子说话。家居和无数的产品与服务正在进入可自动化与远程监控的市场，这些服务可不只是"保姆摄影机"，还包括入口控管、温度调节、照明，最终，几乎你家的任何东西都将被包含在内。

随着区块链、人工智能、大数据以及云计算等众多新兴科技的发展，其应用范围不断扩大。同时我们也可以看到，区块链已经在全球形成了一股热潮，与硬件空间结合最紧密的创新生态系统——众创空间将成为新型的块创新平台，为我们提供更适宜的创新环境。

（五）块创新的新方向：未来知识经济的新型基础设施

云构建了基础设施，大数据解决了基础数据问题，而区块链技术正在成为创新生态系统建设的核心技术，为未来更大规模的知识创新提供组织与运行支撑，是未来数字经济时代新型的基础设施。

区块链与大数据、人工智能等又不相同，它是一种网状、立体的信息技术体系，具有社会性。这种特性使它能够广泛应用于各种创新生态系统中，特别是区域创新生态系统，是未来区域社会知识经济的基础组织。

区块链技术为知识创新运行提供了技术支持，它就好比一条新型高速公路，集成分布式数据存储、点对点网络传输、共识机制与加密算法等众多前沿科技，可以快速融入物联网、云计算、大数据等各种应用领域，为所有应用这些技术的行业和产业搭建集成化的技术环境。

当然，区块链技术及其在创新生态体中的应用也有缺点，它仍是一个新事物，处在快速发展演进的阶段。

第二节　块创新，谁的机会？

在当今知识经济时代，一切都取决于知识与技术。贸易纠纷只是在竞争对手变得更强大、技术能力更具竞争力之前，扰乱其部署的众多途径之一。贸易冲突或者贸易战都只是主要参与者改变游戏规则的表现形式或工具，其用意和手法与恐怖主义破坏既有社会稳定的手段没什么不同。互联网时代，没人能阻止知识获取和创新潮流，云计算和区块链所引致的新型创新共同体能重构不同国家和地区在知识竞争中的生态位。

企业是创造财富的源泉，产业变革的最基本力量来自企业家的创造。加快推进企业成为技术创新主体，是营造良好创新生态、促进科技与经济社会发展紧密结合的中心任务。运用区块链技术和思想，建设更具创造力的知识创新共同体，是促进科技进步与社会发展的全新思路。我们经常提及的要深入推进产学研用结合，其实质就是推动创新生态系统的发展。以往，这种系统的建设无论是企业还是社会，都很难利用技术手段来加速。通过区块链技术和思想组织起来的创新生态系统与创新平台将最大化地发挥技术在创新组织过程中的作用，最大程度地减少创新共同体内各方面的摩擦，提升系统的效率和公平，从而构建更具有竞争力的知识经济。

一、区块链通证是降低企业生态风险的好办法

在许多专家看来，未来有两类企业会更有价值，一类企业是那些充满活力的创业企业，因为它们有很多新的思想、新的创意。今天这些伟大的公司都是从那样的小公司发展起来的。第二类是真正做成一个生态系统的平台性的公司，它能够连接并且不断地聚集、整合很多新的要素来产生互动和发展，让大家能够在这里不断地进化发展，实现共赢，这就是生态企业。而要组成这样的生态企业，传统的建设方式风险太大，维护成本太高，难以成形，区块链通证社区共同体则是建设这种生态系统的一种好办法。

通证作为区块链技术的具体体现，是共识，是价值观，是命运共同体。落到具体的经济形式上，通证代表的是一个生态经济体，通证是生态的血液，生态的良性发展是通证的基础。下面我们来看一下乐视的案例。

　　乐视堪称强调生态最出名的企业。事实上，初期乐视在打造其创新发展生态系统时还是比较成功的。乐视提出的打造开放闭环的生态系统以及"生态化反"等，一定程度上存在积极意义。但由于它采用的仍然是传统的资本和交易为核心的组织架构，在体系内，各个不同的组成企业之间存在大量的关联交易，这些关联交易又因为核心企业的快速扩张而不断积累风险，这样的架构使它很容易出现资金问题。事实也是如此，乐视在经过数年的高速扩张之后，最终因为生态体系中关键企业的资金链断裂，使整个生态体系资金紧张，而这种紧张又因为生态体系内外的交易联系形成踩踏效应，直到最后整个生态体系全面出问题。

　　但是，如果乐视生态是以"乐视通证"的形态来进行整合，则可能会出现很多的不同：

　　第一，资金过度使用的情况会受控制，生态防风险能力会加强。"八个缸来六个盖"的事在通证社区里很难出现。因为通证社区的账本采用的区块链存储是公开的、去中心化的，这就会限制其实际控制人及集团管理层的权力，其子系统的资金不会在不公开的情况下被移出和使用。

　　第二，生态体内的协作有利于控制风险的传播，组织体系的力量共同面对困难。一旦生态出现问题时，不再是墙倒众人推，而是墙倒众人扶，因为所有员工、供应商、用户手里持有的都是乐视通证，生态倒了，这些通证就会一文不值，大家都会损失，所以大家会从心底希望这个生态能发展得好，而不会出现挤兑。

　　第三也是最关键的，即使体系原来的实际控制者出现缺位，生态体系依然可以实现自治，会很快形成新的基金会和管理团队，代表整个生态的利益来运行，生态中的所有人都会全身心地投入新的组织生态的发展之中。

由此，我们可以展望这种块创新的通证共同体，其发展会有许多不同的特点，也许其绝对速度与效率并不突出，但考虑其相对风险，就具有特殊的价值了。

二、块创新通证共同体有可能创造一种全新的企业组织形态

区块链通证社区共同体不仅是企业外部资源组织形式，它对企业内部同样也具有指导意义，主要是针对出资者、劳动者、管理者和创造者之间的分配问题。通证不一定是币，也不一定是可公开交易的债券，它可能是一个企业内部的组织结合单元。华为作为中国最成功的高科技企业之一，其内部分配机制一直被认为是超时代的产物。

事实上，华为内部的生态完全可以算是一个优秀的通证社区共同体案例，而且华为的利益分配机制完全可以称得上是典型的区块链劳动分配机制。从著名的白皮书——《华为基本法》开始，企业内部全员持股，创始人或者称为法定意义上的实控人任正非只有不到 1.4% 的股权。华为不上市，每年分红很多。华为内部的股票叫作虚拟受限股，或者称作华为通证。曾几何时，这种通证被竞争对手告状为非法集资。这些通证的管理严格限制在社区内部，也就是说，如果员工离开华为，就意味着你离开了这个区块链社区，你的 token 经过协商要被收回池子里并继续分配给其他参与者。

这种超时代的企业内部生产关系改良让"华为奇迹"一直延续至今天。如果有一天真的公开发行华为通证，估计首选其产

业的上下游，也就是构筑一个以华为企业为平台的外部生态，那会推动华为迈上新的台阶。

在传统的公司运营体制下，依靠资本和特殊的机遇，有可能会出现垄断利润，但这一切的目的都是股东利益最大化。用户和公司员工只能间接地从整个经济的发展中分享其中很小的一部分。而在区块链企业，通过通证效应、权力设计、紧缩机制等方式，使创造者和劳动者因为早期持有的通证实现增值而获益。

第三节 块创新平台会成为新的风口吗？

云创新时代，产生了像苹果、亚马逊那样的超级公司，也出现了像 InnoCentive、猪八戒那样的创业新秀。当区块链进入创新领域时，还会有新的独角兽出现吗？

事实上，人们经常犯的一个错误是：当新的技术浪潮出现时，还在沿用旧世界过时的内容发现模型。在 Facebook/Twitter 或者 Google 上搜索任何种类的通证，就像试图去雅虎门户网站上浏览其他网站内容一样，永远得不到最优结果。因为雅虎没有发现网站与网站之间的超链接所蕴含的权重价值，它因此错过了真正能体现互联网内容价值的原始特征。同样，现在的 Google/Facebook/Twitter 也完全忽视了基于通证的经济网络（比特币、以太坊以及其他很多的加密货币网络），以及它们彼此之间所蕴含的权重价值。新的网络需要一种新的内容发现机制。

一、审视微软行为的出发点

2018 年下半年，一个似乎被描述成为"保守"的代名词的公司在区块链栏目里出现——微软携手安永打造世界最大的企业区块链生态系统。安永（EY）这家曾经的创新代名词的企业，是一家全球领先的保险、税务、交易和咨询服务提供商，它与微软达成了合作，以期构建一个全球最大的企业区块链生态系统。这个区块链网络将主打内容权利和版税管理，旨在简化媒体和娱乐行业的高成本和耗时的过程。该网络将迎来数以千计的商业合作伙伴，运营后每日可处理数百万笔的交易，使之成为全球最大的企业区块链生态系统之一。

这套解决方案旨在为任何知识产权或资产许可行业提供服务。在这些行业中，创作者会根据版税协议（主要是手工完成的计算）支付版税。而该价值链将包括作者、词曲作者、制作公司、开发人员以及更多方。整个方案在运行过程中，将产生数以百万计的交易，每个月的版税收入预计高达数十亿美元。这种权利和特许使用权的使用费管理解决方案将使行业参与者之间的信任和透明度得到增强，大大改善了权利和版税管理过程中操作效率低下的情况，且消除了昂贵的手工和解与合作伙伴审查的需要。该系统的底层网络使用了 Quorum 区块链协议①和微软 Azure② 云基础设施。

前文我们已经提到区块链对数字版权和版税交易的规模、复杂性和数量具有完美应用的可能。这是因为区块链可以根据数字

---

① Quorum，原指为了处理事务，拥有决定权力而必须出席的众议员或参议员的数量（一般指半数以上）。基本的 Quorum 协议要求所有参与者应用一项决议前必须先同意。假如一个分布式的 DB 系统有两个节点 A 和 B，数据在 A 和 B 之前完成复制，任何一个节点的数据变更都会在一定的时间内同步到另外的节点。客户端无须感知底层的 DB 系统是否是分布式的，它所关注的是无论连接到哪一个节点，都应该读取到相同的数据（同一状态）。

② Microsoft Azure 是一个开放、灵活的企业级云计算平台。

版权所有者与许可人之间的每一份合同的独特性，以一种可伸缩的、高效的处理方式，为参与者提供审计追踪。鉴于对区块链技术应用的具体情况，微软打算以分阶段的方式将版权与特许使用费的区块链网络和游戏发行商合作伙伴一起部署。该解决方案的早期采用者之一是著名的游戏发行商育碧公司，它也是微软的游戏领域的合作伙伴。这一解决方案的出现表明，企业区块链应用的时机已经成熟，它将帮助微软展示其增强合作伙伴的信任的能力，并通过区块链的作用加强安全、透明的支付准确性。

二、集聚发展的需要和建设块创新共同体是营造良好创新生态系统的基础

知识的数字化意味着几乎可以零边际成本复制信息，这也意味着任何能够获得知识并愿意通过实践学习的人都可以将知识转化为技术，以获得竞争优势。当今世界，许多知识与创意型公司往往只是一家商业银行或者版权许可代理的公司，其大量的制作已经分散到围绕该产业的庞大企业群体。而这些知识经济的真正主体70%以上都是10人以下的小微企业。伦敦是世界创意之都，其97%以上的创意公司是100人以下，80%以上的创意公司是10人以下。小企业的活跃在带来大量好创意的同时，也形成了一种自由创新的氛围。

知识从集聚中受益，意味着通过知识聚集在一起的人越多，与孤立工作者相比，越能更快地将知识转化为技术。发展的主题就是增强将知识转化为技术和在实践中学习的能力。中国是速度最快的知识学习者之一，也是最快的知识开发者。

创新生态系统具有自然生态系统的一些共性，包括主体的多样性、共生性以及系统的净化性、自主性、开放性，而构建这种创新生态系统的关键在于集群效应、知识产权、创新文化、资本市场以及政府与市场关系。

事实上，集群效应在创新生态中的作用正在日益突出。人才与产业集群不仅过去是，而且在如今互联网高度发达之际仍然围绕核心大企业、重点大学周边展开，不断激发创新活力。这里一个主要因素就是形成"人才雪球"。企业在大学周边选址，将使环境更加有创意，会像"滚雪球"一样吸引风险投资人、工程师、律师和会计师等人才快速涌入。更多的情景是各种各样的先分离再合并。许多大型企业的职员离职出来创业，仍然选址在原公司周边，既可获得原公司的技术以及业务支持，又方便原公司对其进行回购。微软和谷歌收购了大量这样的小公司，对其创新能力形成了良好的补充。

通过集聚产生的创新生态系统是动态的、有针对性的、复杂的社区，在合作上环环相扣，相互间的信任和共同创造的价值促进了这种合作。另外，彼此之间的专业协同关系使社区能够有条件采用同一套互补共享的技术或能力，这样就使得创新生态系统的创新能力更加强大，更有利于把知识转化为经济活动中的增加值。

三、平台仍然是块创新生态系统的关键

创新生态系统与云创新是天然相联系的。像所有的生态系统一样，创新生态系统一般围绕一个中心节点出现或创建，有时是一个技术平台，有时是一组社会或经济条件，将关键成员集聚在一起。在当代，因为云创新及云创新平台或社区，创新生态系统

实现了依靠知识的力量协作和共同创造的流动。

谷歌、YouTube 和丰田公司将培养创新生态系统作为企业战略，通过构建创新的合作伙伴关系，帮助其供应商、客户和其生态系统中的其他成员更智能、更快、更丰富、更新颖、更有创意。重点是合作而不是竞争。这种做法并不一定是昂贵的或是繁复的，它可以只是简单地提供一个 API 或允许访问客户数据，但它却需要文化和能力管理工作，使改进各类投资不只是投机取巧，而是反映和尊重要承受的核心价值观。

创新文化的建设对块创新生态系统的构建至关重要。平台是是形成创新文化的重要因素。这样的平台有时是大学，但更多的是一些企业化的机构或者是社区。只有在一个允许错误、容忍失败的文化氛围中，创新才会得到不断的涌现。

知识产权和资本同样是平台最拿手的地方，这些也都是构建块创新生态系统的核心点。知识产权管理是确保创新生态系统中个体发展的重要支撑，一旦知识产权和专利服务跟进不够，创新有可能被阻碍。事实上，在国际市场上，专利以及专利策略越来越重要。跨国公司间的专利战也越来越激烈，不同创新生态系统往往是不同的专利路线体系。以威盛和宏达（HTC）为例，它们虽然在低能耗芯片和智能手机领域成了先行者，但由于其与英特尔和苹果公司的专利诉讼失败，承担了相当大的成本，社会影响遭受了打击，严重影响了其市场发展。

事实上，就在 2018 年 2 月，就像以 InnoCentive 作为标准的云创新平台一样，一个标准的块创新平台诞生了，它就是 Crowd-holding——一个去中心化开放式创新平台①。这个平台连接企业

---

① https://ico.crowdholding.com/.

与社区，其目的是使群众的智慧如同金子般发光。在这个平台上，人们可以方便地交流、辩论与协同创造。对于参与的大众，可以方便地创建一个产品系列，即为他帮助过的或者是喜欢的产品创建一个极具吸引力的系列，而这种协助将大大提升企业效率。用户可以通过参与社区来赚取 Yupie 代币，并可以投资 Yupie 来帮助他喜爱的企业，或用 Yupie 购买他们的产品，或用 Yupie 兑换其他代币。而对企业而言，则可以增强产品质量，因为成千上万的人将提供方便易懂的反馈，这些反馈代表了客户到底需要怎样的产品和服务。当然，对创业者而言，还可以验证新点子，创业者提出要验证新点子，大众用户会像蜂巢思维一样，自发地成为一个生成优秀概念与点子的社区，这是任何小型智库倾尽全力也无法比拟的。当然，这个社区也有利于提升品牌，因为没有人能比参与了产品创造过程的人对产品营销更有激情。

因此，我们在这里为读者们提供一个建议，与我们在 2010 年《云创新》那本书中的建议一样，让我们的创业者们来探索建设一个块创新平台吧！也许它会是下一个 Google，更可能它会是下一个"二师兄"！

第四节　块创新书写人类知识创新共同体新篇章

虽然区块链技术的全面应用仍需时日，但找到知识经济时代竞争的关键点——知识创新生态系统的构建，运用区块链技术和思想，以块创新的模式与方法打造具有未来特色的块创新生态系统，将为人类命运共同体目标的实现开拓出一片新的天地。

一、将"创新券"打造成为"创新通证"的技术与政策设想

构建具有未来特色的块创新生态系统，将会带来怎样的未来呢？以史为鉴，在世界历史发展中，已经有很多人、企业或者政府机构通过类似的实践，实现了许多在当时看似不可能完成的目标。以美国南北战争时期林肯政府发行的绿币为例。

美国南北战争初期，代表社会先进生产力的林肯政府并没有在战场上获得优势。得益于刚结束的美墨战争，南方军队素质高，指挥官经验丰富，并且得到了英、法等国的援助。所谓兵马未动，粮草先行，战争的本质实际上是双方综合实力尤其是经济实力的较量。摆在林肯政府面前的除了战场的失利，还有军费开支难以为继。林肯和他的内阁财政部长蔡斯去纽约申请贷款，银行家们给出的利息是24%～36%。这显然不是林肯所能接受的。

面对严峻的现实，林肯在政府取得了国会授权后，由联邦政府直接发行"绿币"（The Greenback），以此为联邦军筹集军费。所谓绿币，就是以联邦政府的信用为直接担保，以联邦政府未来的税收为间接担保，发行的不可直接兑换金银等贵金属的纸币。内战期间，林肯政府分批发行了面值四亿五千万美元的"绿币"。如果联邦政府取得胜利，而且不超发滥发，那么，绿币的购买力将相对稳定；如果联邦政府失利，那么，绿币和接受绿币的北方民众和士兵会很悲惨。

与一般的纸币不同，"绿币"没有像其他纸币的发行那样，提供等量的黄金或其他贵金属作为抵押品，也没有任何以固定官价兑换黄金或白银的承诺（因为这时候的北方政府估计根本没有

这些东西)。人们被告知，他们唯一的依据就是联邦政府的信用，当然，他们还被告知，可以用这种纸币支付联邦政府的税收。正如一些分析所指出的那样，没有黄金做支撑的绿币其良性价值发展的基础自有其不同于以往货币的独到之处：一是对联邦政府的信用及其能够取得最终胜利的信任，这是一种特殊的共识，是绿币背后的价值观；二是对国会限制政府权力的格局的信任共识，相信在国会的控制下，绿币不会超额滥发。事实上，随着北军在战场上的转机，也给了绿币持有者和使用者们不断的利好预期。结果，在绿币的支持下，北方联邦政府最终取得了战争的胜利。

因为共同的价值观，产生信任共识，发行通证，并在实际上给予"燃料"，还要保证不滥发，这就形成了一个新的通证社区。一切看起来都很简单，以至于让人们都认为，原来发币就那么简单？其实，知易行难，天底下的事都是差不多同一个道理。这里的每一个环节都存在这样或那样的巨大风险：首先，是什么样的价值观才能让这个群体里的人们形成信任共识呢？又是什么样的信任共识才能支撑一个足够量的通证呢？需要什么样的"燃料"才足以让社区温暖，让它们使用通证呢？如何保证不滥发呢？让我们从这几个问题入手，逐步思考如何建一个使用"创新通证"的新型创新共同体吧。

创新资源只有使用才能有社会和自身的效益，才能形成强大的聚合知识中心，抢占知识经济制高点，这是构建区域范围内创新区块链通证社区的基本共识。正是共识的建立，让毫不相关的人联合起来创造奇迹。

以京津冀顶层科技合作倡议为例，北京可以联合津冀，共同发行"创新通证"，10% 的币可以在计划最开始按照 GDP 比例分给京津冀三地，让它们获得利益，保证合作基础；再用 20% 的币设立基金会，进行区域内创新资源建设投资；20% 的币进行 ICO（Initial Coin Offering），吸引全国乃至全世界的人加入，保证流动性；剩下 50% 的币每年发行 1%，以一定机制奖励给对京津冀共建创新高地做出贡献的人、公司、机构、政府以及维护账本的矿工。另外，还可以对拥有"创新通证"较多的企业或机构在企业上市、企业所得税征返等过程中给予优惠政策。当然，如果国家政策允许，最好是在雄安或其他某地建设一个"创新通证"兑换交易中心，由三地共同支出一定的科技财政资金作为支撑，回购发行的"创新通证"。

创新通证的使用场景包括且不限于支付京津冀区域内的创新资源，特别是科技条件资源、创新服务和技术咨询服务的共享使用，以创新通证结算可以给予补贴，作为服务燃料①，所有进行跨省市的公司必须持有 1 万枚创新通证作为服务凭证等。通过创新通证保证了区域内的联合，用限额机制保证了创新通证的价值稳定，用奖励机制让京津冀的建设者更加努力，用服务结算让创新通证的使用能在区域内落地。

创新通证的共识机制将有助于真正实现整合的京津冀科技合作，积极发展三地的创新合作伙伴关系，创新通证持有区域将成为完整的利益共同体、命运共同体和责任共同体。币的背后是共识，是价值观，是命运共同体。黄金之所以能作为货币，其核心是我们认可黄金是有价值的东西，黄金能够与其他物资进行有效的交换这个价值观，拥有这些共识和价值观的人群组成了一个黄金价值命运共同体。创新通证因为能够与创新资源和服务进行交换且具有价值，拥有相关共识和价值观的人群可以组成一个创新

---

① 仿照交易所规则，交易的基础是持有一定数量的货币做"燃料"。

价值命运共同体。也许，京津冀融合发展从发展"创新通证"开始，会有一个新的局面。

二、打造以远离平衡态为目标的新型社会创新生态

远离平衡态是所有生命的共同特征，只有处于这种状态下，生命体才会成长。实际上，创新生态系统可以是地理空间（如硅谷创新生态系统），更多的情况下是一种基于特定企业的产业链和价值链的虚拟网络（如苹果公司的创新生态系统），但它们都必须是"块化"的、差异补充和有机协同的。

硅谷的实践经验表明，多样的产业组织形式、对区域长板的拉长、更加开放的区域合作而言，是一个实现远离平衡态的重要路径。我们应围绕战略性新兴产业，立足区域长项，做强做大一批专业园区。[①] 一个开放创新体系的建设，需要在区域开放合作方面鼓励各类主体主动在人才、技术、资本、产业等方面对接全球创新资源；推动企业积极走出去，与全球创新高地链接，与国外企业开展联合研发或产业化项目；深入挖掘创新尖峰区域的溢出效应，积极与国内外欠发展的区域特别是一些有产业基础但创新不足的区域开展合作。

创新生态系统中的创新行为能够产生非线性增长。非线性增长是硅谷创新群落自组织成长的主要路径，具体表现为：一个技术突破或一个模式创新可以促成一个产业；一定阶段内涌现出大量高成长企业，成为产业引领者；三五年内出现一个引领世界的高技术大公司。

未来创新型企业的关注点可能从以组织为中心转变为以生态

---

① 陈颖，石妍妍. 硅谷创新生态系统的演变历 [J]. 中关村，2016，2.

系统为中心。生态系统可视为由独立企业及其创造并分配业务价值的关系组成的复杂网络。美国在研究和开发方面的领先优势主要根源在于美国政府在国防、空间技术、卫生和教育方面的支出。例如，波音公司通过国防合同获得美国政府的支持，空中客车公司从欧盟获得直接拨款。尽管名义不同，但这都是补贴。我国作为一个爱好和平的社会主义国家，当前的主要社会矛盾已经转化为人民日益增长的美好生活需要和不平衡不充分的发展之间的矛盾。我国是一个自然环境改造工程量极大的国家，以人工生态空间、智慧空间、物联空间的打造作为核心突破，将是人类历史上共识建设的一个伟大创举。

通证，如果运用到经济领域，将极大地提高价值流转效率，提升实体经济的信用创造能力；如果运用到创新领域，用生态化的管理来构建通证创新共同体社区，将极大地提高创新资源的转化效率，提升科技成果的实际产业化能力。通证创新社区共同体最关键的能力就在于其组织能力，通证化是这种创新共同体的高阶版本。正如资产证券化通过盘活资产负债表左侧资产，依靠已有资产或者预期未来取得的资产的现金流获得融资，并调节资产结构一样，创新资源资产化将极大地激活创新资源资产负债表，通过激发更多的创新创业服务资源获得更多的成果。

区块链的技术性效率暂时还是有限制的，它对生产力本身也许是没有意义的，但它存在的意义在于可以让人们选择用最佳的方式登记、拆分、传递价值，以便处理客户、股东、劳动者、创造者之间的关系，更加公平、公正，更加具备激励能力。

在当今时代，知识的生产与创造大多以数字资源的形式存在，是最容易完成这种登记与交易积累的。另外，原始未加工的数据几乎一文不值，而经过分类和分析，信息就会成为有价值的知识，最终演变成具有高价值的智慧。需要指出的是，孤立的个体无法判断什么是有价值的，因为价值来自与他人的交换与交易。用区块链技术来实现数字的服务只是一个切入点，更多的是如何把数字服务和商品登记到区块链上，便于使用通证（加密货币）购买，这才是根本。或者是让这些数字服务与商品一旦使用便完成登记，这样整个系统存在快速积累的可能，从而在某个时间点产生引爆效应。

将区块链技术运用于开放式创新的块创新而言，将更加有利于促进共同体的快速形成，促进创新生态系统的有效运行，推动开放的云创新平台的突破成长，加速技术创新与生产力提升。区块链技术一旦在各行各业中得到大量的运用，将对整个经济和社会的组织形态产生巨大的影响，这种影响将使得大面积削弱资本的控制作用成为组织的手段，由此而节约的交易成本反哺给创造者的共同体，使知识的创造者获得更多的创造价值，劳动者收获更多的劳动回报。

未来，一个更强有力、更有激励的块创新模式将更有效地解决人民日益增长的美好生活需要和不平衡不充分发展之间的矛盾。"区块链将颠覆整个社会，它将使得仅存在于乌托邦和哲学家白日梦中的治理体系得以实现。"[1] 人类不再陷入国界和民族的区分，通过区块链技术，通过通证与共识生活/工作在一起，借助机器信任，以正确的目标理性引导科技理性，创造以人为本的全新的科技意识形态；从创新共同体的建设入手，引导人们坚定地走向人类命运共同体！

---

① Haseeb Quresh. 区块链：一场始料未及的革命［EB/OL］. https://36kr. com/p/5112306. html.

主要参考文献

[1] 约瑟夫·熊彼特. 资本主义、社会主义与民主[M]. 吴良健, 译. 北京:商务印书馆,1999.

[2] 约瑟夫·熊彼特. 经济发展理论[M]. 杜贞旭、郑丽萍,等,译. 北京:中国商业出版社,2009.

[3] 亨利·切萨布鲁夫,维姆·范哈佛贝克,乔·韦斯特,主编. 开放创新的新范式[M]. 陈劲、李王芳,等,译. 北京:科学出版社,2010.

[4] 伊莱恩·丹敦. 创新的种子[M]. 陈劲,等,译. 北京:知识产权出版社,2004.

[5] 戴布拉·艾米顿. 创新高速公路[M]. 陈劲,等,译. 北京:知识产权出版社,2005.

[6] 埃弗雷特·M.罗杰斯. 创新的扩散[M]. 辛欣,等,译. 北京:中央编译出版社,2002.

[7] 杰弗里·摩尔. 未来飓风[M]. 钱跃,等,译. 北京:中国城市出版社,1999.

[8] 彼得·芬加. 云计算:21世纪的商业模式[M]. 王灵俊,等,译. 北京:电子工业出版社,2009.

[9] 韦纳. 共创未来[M]. 黄斌,王克迪,译:上海:科技教育出版社,2002.

[10] 菲利普·艾文斯,托马斯·沃斯特. 裂变:新经济浪潮下的企

业战略[M].刘宝旭,等,译.上海:远东出版社,2001.

[11]约翰·哈格尔三世,阿瑟·阿姆斯特朗.网络利益[M].王国瑞,译.北京:新华出版社,1998.

[12]珍妮特·洛尔.比尔·盖茨如是说[M].汤淑君,译.海口:海南出版社,1999.

[13]克利斯·弗里曼,罗克·苏特.工业创新经济学[M].华宏勋,华宏慈,等,译.北京:北京大学出版社,2004.

[14]马克斯·H.布瓦索.信息空间——认知组织、制度和文化的一种框架[M].王寅通,译.上海:译文出版社,2000

[15]克雷顿·克里斯滕森.创新者的窘境[M].吴潜龙,译.南京:江苏人民出版社,2001.

[16]梅兰妮·斯万.区块链:新经济蓝图及导读[M].新星出版社,2015.

[17]凯文·凯利.失控——全人类的最终命运和结局[M].新星出版社,2010.

[18]派恩二世·吉尔摩.体验经济[M].夏业良等译.北京:机械工业出版社,2002.

[19]斯蒂格利茨.经济学[M].北京:人民大学出版社,2002.

[20]萨缪尔森.经济学[M].北京:中国发展出版社,1992.

[21]冯鹏志.伸延的世界——网络化及其限制[M].北京出版社,1999.

[22]柳卸林著.技术创新经济学[M].北京:中国经济出版社,1993.

[23]吴贵生.技术创新管理[M].北京:清华大学出版社,2000.

[24]任丽梅,黄斌.云创新——21世纪创新模式[M].北京:中共中央党校出版社,2010.

[25]符望.网络知识产权保护政策法律比较研究[C].蒋坡主编:国际信息政策法律比较.北京:北京法律出版社,2001.

[26]杨占生,杨颜僮.模式变易:数字经济运行[M].北京:中国经济出版社,2001.

[27]方兴东,王俊秀.起来——挑战微软"霸权"[M].北京:中华工商联合出版社,1999.

[28]柯武刚,史漫飞.制度经济学[M].北京:商务印书馆,2000.

[29]汪丁丁.记住"未来"[M].北京:社会科学文献出版社,2001.

[30]蒋坡主编.国际信息政策法律比较[M].北京:法律出版社,2001.

[31]赵槿、许红洲.信息中国[M].北京:经济科学出版社,2001.

[32]谢国平.要么创新 要么死亡[M].上海:东方出版中心,2000.

[33]贾高建.深刻认识全面深化改革的整体性要求——马克思主义哲学的方法论视角[J].马克思主义与现实,2014,1.

[34]王克迪.新技术革命浪潮蓄势待发——未来十年值得期待的技术革命[J].人民论坛,2013,6.

[35]王克迪,傅小兰,黄斌.关于知识——机器互动机制的可能性的探讨[J].自然辩证法研究,2003,6.

[36]徐昕.自由软件与中国软件产业——2000年中国自由软件战略研讨会侧记[J].计算机世界,2000,12。

[37]罗文、李极光等.从自由软件运动看当代资本主义基本矛盾的深化[J].昆明:云南师范大学学报,2002,8。

[38]黄国群.开放式创新中知识产权协同管理困境探究[J].技术经济与管理研究,2014,(10).

[39]吕一博,蓝清,韩少杰.开放式创新生态系统的成长基因[J].

中国工业经济,2015,(5).

[40]任丽梅.我国众创空间的功能发展与内生文化要求[J].学术论坛,2017,(4).

[41]裘涵,田丽君.虚拟社区的内涵及其建构的组织性路径[J].中南大学学报社会科学版,2006,(6).

[42]张永云,张生太,彭汉军,康琳.从创新生态系统视角看网络空间知识创新行为[J].科技进步与对策,2017,(6)

[43]徐琴平.科技创新券政策的实施与思考[J].中国科技资源导刊,2017,(8).

[44]洪蜀宁.比特币:一种新型货币对金融体系的挑战[J],中国信用卡,2011,(10).

[45]张运生,邹思明.高科技企业创新生态系统治理机制研究[J].技术创新与制度创新,2010,(5).

[46]陈永伟.用区块链破解开放式创新中的知识产权难题[J].知识产权,2018,(3).

[47]陈华.创新范式变革与创新生态系统建构——创新驱动战略研究的新视角[J],内蒙古社会科学,2015,(5)

[48]徐梦周、王祖强.创新生态系统视角下特色小镇的培育策略——基于梦想小镇的案例探索[J].中共浙江省委党校学报,2016,(5)

[49]刘伟.分互模式:生产——生活方式的高度融合[J],开放导报,2014,(4).

[50]姚前.区块链研究进展综述[J].中国信息安全,2018,(3).

[51]李剑玲.商业生态系统商业模式创新[J].学术交流,2016,(2).

[52]陈颖,石妍妍.硅谷创新生态系统的演变历[J].中关村,

2016,（2）.

[53]冷杰武,江平宇等.区块链技术驱动的产消者自组织产品制造社群构建[J].广东工业大学学报,2017,（5）.

[54]简军波.落后国家与依附性发展[J].战略与管理,2002,（3）.

[55]刘志耘.企业战略创新生态系统研究[D].武汉:武汉理工大学,2009.

[56]张尹聪.科技型中小企业集群的创新成长模型与实证研究[D].沈阳:沈阳工业大学,2006.

[57]共创软件联盟.服务业看齐[N].IT界先行.2002-8-9.

[58]黄斌.智域政治:美国信息新战略[N].学习时报,2002-8-26.

[59]李维.自由软件的版权问题浅析[N].中国计算机报,1999-10-11.

[60]胡钰.呼唤"云创新"[N].科技日报,2010-4-11.

[61]IBM商业价值研究院[DB/OL]. Fast forward:Rethinking enterprises, ecosystems and economies with blockchains. https://www-935.ibm.com/services/us/gbs/thoughtleadership/block-chain/

[62]Maciej Olpinsk.重新发明Google:代币就是新时代的"超链接"[DB/OL],http://www.sohu.com/a/229730364_114778

[63]吴蓉晖.互联网下半场,产业互联网更具潜力[DB/OL].https://news.pedaily.cn/201612/20161227407269.shtml

[64]商务链(BNL)基于区块链技术的商务领域创新应用[DB/OL].区块网.http://m.qukuaiwang.com.cn/news/12652.html

[65]Vittal, N, Information Technology:India's Tomorrow[M]. Manas Publications, New Delhi.2001.

[66] Knut Koschatzky , Uwe Gundrum, Innovation Networks: Why They are Formed, How They are Structured [M]. Heidelberg; New York : Physica – Verlag. 2001.

[67] R. Cowan (superv.), G. van de Paal (coord.), D. Archibugi, P. A. David, J. – N. Durvy, D. Foray, G. Licht, P. Sanchez, K. Smith, L. Soete, J. R. Tíscar. Maastricht Economic Research Institute on Innovation and Technology (MERIT), Innovation Policy in the Knowledge – based Economy European Commission, DG Enterprise, Office for Official Publications of the European Communities. 2000.

[68] Karl Popper. Objective Knowledge—An Evolutionary Approach [M]. London: Oxford University Press. 1983.

[69] Juha Kaskinen & Riikka Saarimaa. The Search for Creative Power in Economies and Societies, Proceedings of the Conference "Culture as Innovation" 6 – 8 June 2007. Turku, Finland.

[70] Marc Gruber &Joachim Henkel. New Ventures Based on Open Innovation, Technology Management and Entrepreneurship, University of Munich, Kaulbachstr. 45, D – 80539 Munich, Germany. July 2004.

[71] Chesbrough Henry, Open Innovation: A New Paradigm for Understanding Industrial Innovation [R]. The DRUID Tenth Anniversary Summer Conference, 2005.

[72] Henry Chesbrough, Wim Vanhaverbeke, Joel West, eds. , Open Innovation: Researching A New Paradigm [M]. Lonon: Oxford University Press, 2005.

[73] Detlev J. Hoch, Cyriac R. Roeding, Gert Purkert, Sandro K.

Kindner, Ralph Muller Sandro K. Lindner. Secrets of Software Success [M]. Boston, Mass. : Harvard Business School Press, 2000.

[74] Detlev J. Hoch, Cyriac R. Roeding, Gert Purkert, Sandro K. Kindner, Ralph Muller. Sandro K. Lindner. Secrets of Software Success [M]. Boston, Mass. : Harvard Business School Press, 2000.

[75] Clayton M. Christensen. The Innovator's Dilemma: When New Technologies Cause Great Firms to Fail [M]. Boston, Mass. : Harvard Business School Press[M]. 1997.

[76] Moore G. A. Inside the Tornado: Marketing, Strategies from Silicon Valley's Cutting Edge [M]. New York: Harper Business, 1995.

[77] Donald A. Norman. The Invisible Computer[M]. New York: MIT Press, 1999.

[78] Peter Wayner. Free for All: How Linux and the Free Software Movement Undercut the High – tech Titans[M]. New York: Harper Business, 2000.

[79] Juha Kaskinen, Riikka Saarimaa. The Search for Creative Power in Economies and Societies[R]. Proceedings of the Conference "Culture as Innovation", 6 – 8 June, 2007, Turku, Finland

[80] Dale Dougherty. We Are Makers, TED Talk[EB/OL]. https:// www. ted. com/talks/dale_dougherty_we_are_makers, 2011 – 09 – 02.

[81] Global Blockchain Innovation:U. S. Lags, Europe and China Lead [EB/OL]. https://venturebeat. com/2017/04/16/global – block-

chain – innovation – u – s – lags – europe – and – china – lead/

[82] Karl Popper. Objective Knowledge—An Evolutionary Approach [M]. London：Oxford University Press,1983.

[83] Vittal · N. Information Technology. India's Tomorrow [M]. New Delhi：Manas Publications, 2001.

[84] 大数据战略重点实验室. 块数据：大数据时代真正来临的标志[M]. 北京：中信出版社,2015.

[85] 大数据战略重点实验室. 块数据3.0：秩序互联网与主权区块链[M]. 北京：中信出版社,2017.